供给侧改革驱动下
能源企业绩效评价研究

刘琴 著

四川大学出版社

项目策划：梁　平
责任编辑：梁　平
责任校对：孙滨蓉
封面设计：王国会
责任印制：王　炜

图书在版编目（CIP）数据

供给侧改革驱动下能源企业绩效评价研究 / 刘琴著.
— 成都：四川大学出版社，2018.9
　ISBN 978-7-5690-2436-4

　Ⅰ．①供… Ⅱ．①刘… Ⅲ．①能源工业－工业企业－
企业绩效－研究－中国 Ⅳ．①F426.2

中国版本图书馆 CIP 数据核字（2018）第 231710 号

书　名	供给侧改革驱动下能源企业绩效评价研究
著　　者	刘　琴
出　　版	四川大学出版社
地　　址	成都市一环路南一段 24 号（610065）
发　　行	四川大学出版社
书　　号	ISBN 978-7-5690-2436-4
印前制作	四川胜翔数码印务设计有限公司
印　　刷	郫县犀浦印刷厂
成品尺寸	148mm×210mm
印　　张	3.5
字　　数	102 千字
版　　次	2019 年 10 月第 1 版
印　　次	2019 年 10 月第 1 次印刷
定　　价	35.00 元

四川大学出版社
微信公众号

前　言

　　供给侧结构性改革(简称供给侧改革)是指引我国经济发展的重大战略,也是适应和引领我国经济发展新常态的必然选择。供给侧改革旨在调整国内经济结构,促进产业优化重组,实现产业生产要素和资源的最优化配置,消除过剩产能,提高有效供给,是经济新常态下维持经济快速发展的重要手段。

　　能源供给侧改革是供给侧改革的重要内容,给能源企业的发展带来了新的机遇和挑战。面对新形势,能源企业必须及时调整自身发展战略,提升企业人力资源价值,优化人才培养模式,才能有效激发企业创新活力,更好地适应能源结构调整。能源企业需要以制度改革为保障,以组合创新为手段,以产业转型为核心,构建供给侧改革驱动下企业绩效评价的综合机制,调控不同周期下的企业绩效指标驱动因素。

　　随着我国能源领域的进一步开放,能源企业要想在激烈的市场竞争中快速发展,就必须建立一套行之有效的绩效考核和管理体系,全面动态地反映企业经营生产过程中可能出现的问题,最大限度地激发员工的创造力和主动性,通过提高员工绩效来确保企业绩效的提高,由此提升能源企业核心竞争力,最终实现企业的战略目标。通过绩效管理理论和方法对绩效评价指标体系进行研究,能够为能源企业构建合适的绩效评价体系提供参考和借鉴。

　　本书以能源企业绩效评价为研究对象,主要围绕供给侧改革对能源企业绩效的驱动展开研究。全书共分为 7 章:第 1 章是供给侧改革驱动企业全员绩效评价改革,主要对供给侧改革和企业全员绩效评价进行阐述。第 2 章基于互联网的企业全员绩效评价系统,重点分析互联网平台上的绩效评价体系构建。第 3 章是供给侧改革驱动下企业全员绩效的实施,主要对绩效计划的制订、绩效评价的实施和绩效评价结果的应用进行阐述。第 4 章是能源企业全员绩效评价现状,主要对目前我国能源企业以及企业全员绩效评价的情况进行分析。第 5 章是供给侧改革对能源企业全员绩效的驱动研究,主要阐述能源企业全员绩效评价的驱动因素以及供给侧改革对企业绩效评价的要求。第 6 章是能源企业全员绩效评价指标与指标体系,第 7 章是能源企业全员绩效标准与指标权重,这两章主要对能源企业全员绩效指标与指标权重进行说明。

　　本书在撰写过程中参考和借鉴了诸多专家、学者的前沿研究成果与文献资料,在此向相关作者表示诚挚谢意。由于著者水平有限,书中错漏之处在所难免,恳请广大读者批评指正。

著　者

目　录

第1章 供给侧改革驱动企业全员绩效评价改革

　　供给侧改革旨在调整国内经济结构,促进产业优化重组,实现产业生产要素和资源的最优化配置,消除过剩产能,提高有效供给,是经济新常态下维持经济中高速发展的重要手段。在这种大环境下,企业全员绩效评价在供给侧改革的驱动下进行了改革。本章研究的内容包括供给侧改革、企业全员绩效评价以及企业绩效评价改革的理论基础与策略。

1.1　供给侧改革简介

1.1.1　供给侧改革的背景

1.1.1.1　经济学的时效性驱动经济理论和政策的创新

　　经济学具有时效性,其研究的领域、范围以及形成的主要结论和核心观点只有在一定时期、一定条件下才具有意义。经济学产生至今,经历了重商主义、古典经济学、新古典经济学和当代西方经济学等阶段。重商主义时期是经济学的萌芽阶段,主张的是原始的国家干预经济;而古典经济学时期,则主张自由主义,并把研究领域从流通领域扩展到了生产领域,提出了分工理论、劳动价值论、"经济人"假设、"看不见的手"、比较优势等理论;在新古典经济学时期,创立了边际分析的方法,主要研究的是制度约束下的资源配置问题;当代西方经济学时期,则主要形成了凯恩斯主义、后凯恩斯主义、新自由主义、新凯恩斯主义等流派和观点。各个学派在经济发展的不同时期,提出和完善了符合当时经济特色的相关理论,丰富了经济学的学科体系。

当前,国内外的经济发展较快,经济形势变化较大,传统西方经济学的供给理论在诠释新的经济问题、指导经济运行时存在着诸多缺陷,经济学理论的科学性、预测的前瞻性和对实践工作的指导性正在被淡化。经济学的时效性要求必然驱动经济理论和政策的创新。

1.1.1.2 "新常态"下经济学创新的内在要求

2014年5月,习近平总书记在河南考察时提出了"新常态"的概念。新常态经济主要有以下特点:

(1)从高速增长转为中高速增长。

(2)经济结构不断优化升级,第三产业消费需求逐步成为主体,城乡区域差距逐步缩小,居民收入占比上升,发展成果惠及更广大民众。

(3)从要素驱动、投资驱动转向创新驱动。

在这样的背景下,经济学的研究视角、方法、工具和学术规范等,需要适应新常态经济发展的特点,进行不断创新。

1.1.1.3 供给侧改革提出的直接原因

供给侧改革提出的直接原因是为了更好地解答经济学的三个基本问题,即"生产什么、为谁生产和怎么生产"。这三个问题是站在供给的角度来研究生产资源配置、产品分配和生产效率的问题。

在"生产什么"的问题上,产能过剩是目前中国经济结构中存在的重要问题,已成为中国新经济发展的"包袱"。一般而言,适度的产能过剩是市场主导下的一种常态。作为微观主体,企业对市场前景的判断和产品生命周期各个阶段的惯性,都会造成正常的产能过剩,这种产能过剩可以通过市场内部进行正常化解,不会造成过度的资源浪费。但中国目前产能过剩涉及人力、资金、土地等生产要素的闲置、浪费和资源成本的提升等问题,是资源优化配置中"不可承受之重"。其成因比较复杂,既有传统计划经济遗留下来的惯性供给思维的问题,也有垄断资源性供给等一系列问题,更有对需求反应迟钝以及不明白"为谁生产"的问题。在互联网经济的背景下,供需矛盾尤为突出。从满足需求的角度而言,既有产业需求的满足,也有消费需求的满足,这对供给提出了较高的要求。传统的供给方式和供给模式应对互联网经济背景下的需求满足力度不足,同时,僵化的供给制度也难以与市场需求有效对接。在"怎样生产"的问题上,对提高效率和效益的生产方式、方法及创新性认识不够,生产性服务和消费性服务均未能达到市场的要求。所以,重新解析和认真回答经济学的三个基本问题,是供给侧改革的重要背景和内在理论要求。

1.1.2　供给侧改革的实质

针对我国经济发展的具体情况进行供给侧改革,实质就是要形成新主体,培育新动力,发展新产业(图 1-1)。

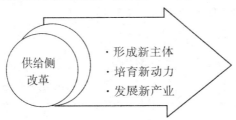

图 1-1　供给侧改革的实质

1.1.2.1　形成新主体

形成新主体需要政府简政放权,减少对市场中具体经济事务和活动的过度干预,充分发挥市场这只"看不见的手"对资源、资本、产品等要素的优化配置和整合利用功能,使企业、企业家、创业者等真正成为经济活动的主体,激发其投资和创造热情,构建出具有持久性发展活力的市场新生态。

1.1.2.2 培育新动力

培育新动力需要改变以往主要依靠投资和出口的经济增长模式,注重技术进步和创新,变革、完善管理和制度性因素,从而提高全要素生产率,打造经济增长新引擎,增强经济的可持续发展能力和整体竞争力。

1.1.2.3 发展新产业

发展新产业应深化市场经济体制改革,加快淘汰落后产能和僵尸企业,缓解产能过剩矛盾,推动资源的更优化配置和更高效利用,实现市场出清。同时,需顺应新一轮信息化革命浪潮,积极发展新兴技术和产业,创造新供给,释放新需求,培育经济增长新动力,推动经济结构转型升级,开启经济发展新周期。

1.1.3 供给侧改革的战略与难点

1.1.3.1 供给侧改革的三大战略

1. 消化过剩产能

在当前形势下,产能过剩使得大量的社会资源被占用,人力、物力、财力等各种成本都居高不下,导致中国经济转型比较困难。面对如此情况,国家可能会加大改革力度,推出重磅措施来解决产能过剩这一问题,而解决的措施或许会集中到以下三个方面:

(1)企业并购重组,进行资源整合,进一步提高行业集中度。

(2)扩大出口,通过习近平总书记在 2013 年提出的"一带一路"倡议开辟出新的市场,进一步加快产能的输出,实现工厂向海外迁移。

(3)大力发挥公租房或是保障房的作用,降低购房成本,加快人口从农村向城市的迁移,由此化解房地产库存。

2. 发展服务业

在当前经济发展的矛盾格局下，被束缚住的资源与要素必须得到释放，而那些被誉为"朝阳产业"的服务业需要更多的人力、财力与技术支持。

在我国服务业的发展中，需求其实不是问题，真正的问题在于供给。无论是在教育、医疗等公共服务领域，还是在金融、旅游等专业服务领域，消费者的抱怨与投诉均屡见不鲜。随着国内居民收入水平与消费能力的提高，国内服务业的供给越来越无法满足人们的消费需求，于是部分消费者选择了出国消费。

面对这一现状，大力发展服务业，既能维持经济增长水平，又能够提供就业岗位，对经济发展与社会稳定都有着十分重要的意义。

3. 经济结构性改革

这次改革会带来新的结构性机会，比如企业进行并购重组，国企进行所有制改革，相关行业实行减税让利，传统的房地产行业进行转型升级，"互联网+"产业迎来发展机会，资本市场实现多层次的发展，不良资产进行交易与转让等。

1.1.3.2　供给侧改革的难点

在发展市场经济的几十年里，为了保持一定的经济增长速度，政府一贯采取增加投资的方式来增加需求，即"需求管理"。如今从"需求管理"跃至"供给管理"，经济增长要更多地依靠生产要素的供给与利用。

从本质上来说，这一变化反映出中国在发展经济与改革中的实际问题，也说明了政府不是万能的，经济的转型不能只依靠政府的调控，而是应该以市场的自我调节为主，政府权力必须逐渐退出市场。

如果这次改革仍然是以政府为主导，让市场处于随从角色的话，那么改革非但难以取得成效，反而有可能将经济管理变得更加僵化。因此，供给侧改革的难点就在于变政府主导为市场主导，由市场发挥自我调节的作用。

1.2　企业全员绩效评价

1.2.1　绩效及绩效评价的含义

1.2.1.1　**绩效**

对绩效内涵的界定是研究绩效评价的逻辑起点。从字面意义上讲,"绩"是指业绩,"效"是指"效果"。综合来讲,"绩效"就是对一个组织、机构或内部成员的业绩与效果的全面系统的表达。目前,学术界对绩效的定义尚未形成统一的意见,且对绩效内涵的理解存在以下三种截然不同的观点:

第一种观点认为,绩效是胜任力,即支撑条件。经济合作与发展组织(OECD)认为绩效是获取与使用资源的能力,是机构或政府在成本预算的基础上获取并高效利用资源来实现目标的熟练程度。目前,在资源有限的条件下,胜任力日益成了绩效考核的重要内容。

第二种观点认为,绩效是行为或过程。墨菲(Murphy,1990)认为绩效是与目标有关的行为;坎普贝尔(Campbell,1993)认为绩效包括与组织目标有关的且可以按照个体的能力(即贡献程度)进行测量(衡量)的行动或行为。可见,坎普贝尔强调绩效是行为本身,而不是行为的结果。

第三种观点认为,绩效是结果。以伯纳丁(Bernardin,1984)为代表的"绩效就是结果"这一观点的持有者认为,绩效是在特定时间内,由特定的工作职能或活动产生的产出记录;孟华则认为绩效是一个机构或组织的相关活动或项目的产出和结果。

1.2.1.2　**绩效评价**

绩效评价就是指运用数理统计和运筹学方法,采用特定的指标体系,对照统一的标准,按照一定的程序,通过定量、定性对比,对企业或组织一定经营时期内的经营效益和经营者的业绩做出客观、公正和准确的评价。1983 年英国公布的《英国国家审计法》将政府绩效评价定义为："检查某一组织为履行其职责而使用资源的经济性（Economy）、效率（Efficiency）和效益（Effectiveness）的情况。"这就是著名的"3E"理论，后来又将公平性（Equity）加入其中，形成了如今的"4E"理论。1993 年颁布的美国《政府绩效结果法案》对绩效测量的过程做出了明确的界定，提供了对任何组织都适用的绩效评价纲要，因此，《政府绩效结果法案》也被戏称为"项目评价人员的全面就业方案"。目前，绩效评价在公共管理领域已有较为广泛的应用，并已成为各级政府和机构以及非营利性组织的重要评价手段。

评价模式和评价方法的选择是绩效评价的关键，其中，前者包括评价主题、评价维度和评价指标三个方面，后者分为定性和定量两种。

1. 评价主题

评价主题即评价的主体范畴，一般认为评价主题包括"经济"（Economy）、"效率"（Efficiency）和"效益"（Effectiveness），简称"3E"，后来又加入了"公平"（Equity）指标，形成了"4E"理论。目前，"质量"也越来越受到重视，成为评价主题之一。

2. 评价维度

评价维度是指对评价对象和评价行为的类型划分，它并不是一成不变的。比如，美国政府在进行绩效评价时，采用的是投入、能量、产出、结果、效率和成本效益以及生产力这六个维度，而在采用平衡计分卡法构建指标体系时，则采用财务、顾客、内部流程和学习与创新这四个维度。

3. 评价指标

评价指标是评价内容的载体。在绩效评价的过程中，指标的选择和确立是最关键也是最困难的工作，应遵循 SMART 准则。

4. 评价方法

绩效评价方法分为定性和定量两种,前者主要以访谈的形式进行,后者则包括多种数理统计方法,目前常用的有模糊综合评价法、层次分析法、主成分分析法、神经网络模型法、综合指数法及 TOPSIS 法等,以上各种方法并没有优劣之分,只是适用范围不同。

1.2.2　企业全员绩效评价的内涵

企业通过全员绩效评价工作的开展,建立业绩导向的激励机制,可充分发挥薪酬与绩效的激励约束作用,提高员工工作绩效与工作胜任力,激发员工工作热情及潜力,培养适应企业发展的人力资源队伍。其内涵如下:

(1)全员绩效评价综合运用多种绩效管理工具,多角度、全方位对员工进行评价,力求客观、公正和准确。

(2)全员绩效评价与员工薪酬结合,可提高员工工作效率,调整员工工作态度,促使员工产生强烈的自我激励意识。一般来说,企业全员绩效评价按月度和年度进行,月度进行客观量化评价,年度进行主观评价,最后将月度评价与年度评价按不同权重计分从而得出员工年度绩效评价综合得分。

(3)全员绩效评价将公司经营指标逐级分解,经营压力有效传导,让员工人人身上有压力,力争公司效益最大化。

(4)全员绩效评价是公司对员工平时工作表现及各项能力的综合评价,是公司选拔优秀人才进行各层级后备人才培养的一项客观依据,也是员工职业生涯发展规划与教育培训的客观依据。绩效评价 A 级员工可被纳入公司人才培养规划,列入各层级后备人才,得到有计划、有目标的培养。

(5)全员绩效评价可促进公司完善各项规章制度,优化业务工作流程,加强基础管理,提升公司精细化管理水平。

1.3　企业全员绩效评价改革的理论基础与策略

1.3.1　企业全员绩效评价改革的理论基础

绩效评价从产生至今已有很长的历史,在这漫长的过程中产生了诸多理论,目前被广泛接受的理论主要有战略管理理论、委托代理理论、利益相关者理论等。此外,还可拓展至可持续发展理论和环境成本理论、科斯定理。

1.3.1.1　战略管理理论

"战略"最初只是用在军事中的一个术语,1965 年,战略学家安索夫第一次将"战略管理"一词拓展到企业管理领域。战略管理理论的主要观点有:

(1)安索夫(Ansoff)的资源配置战略理论观点。这位美国著名的教授、战略管理家曾经被提名为"公司战略之父",他的核心思想是如何帮助企业实现内部资源最优配置的目标,即企业怎样去组织自己的资源才能在同等条件下超越其他企业。

(2)迈克尔·波特(Michael Porter)的竞争战略观点。迈克尔·波特是美国哈佛商学院的教授,"五力模型"是其杰作。他认为战略就是通过竞争获得高于平均水平的报酬,在竞争中一定要重点考虑潜在竞争者的挑战、替代品的威胁、供应商杀价的手段、顾客议价的能力、已有竞争者实力的壮大这五种力量。

(3)沃纳菲尔特(Wernerfelt)的资源战略观点。这一观点认为,企业战略的基础是资源,这里所说的资源分为有形资源和无形资源,资产、员工、商誉等都属于资源的范畴。一般来说,企业的收益取决于有价值的资源,如果对资源进行有效配置,则更容易提高企业的效率。

当前宏观环境变化迅速,企业要想稳定自身的核心竞争力,就必须站在战略的高度上制定目标及行动方案,充分发挥自身竞争优势、资源优势,获取更大的价值。战略不是一成不变的,随着环境与形势的变动,它也是动态变化的。当前最优的战略管理理论应当是将以上三种战略管理观点相融合。战略管理理论可以成为绩效评价理论基础的原因在于绩效评价的目标必须与企业战略目标一致,战略目标几乎决定着一切,当然也决定着企业的绩效评价。反过来说,绩效评价的结果也会对企业的战略制定及调整给予一定的指导和参考。

1.3.1.2 委托代理理论

法律上的代理关系是指委托人将自己的事务交由其他人处理,接受委托为别人处理事务的人成为代理人,因此形成的责权与关系就是委托代理关系。而经济学上的委托代理关系范围更为广泛,只要存在一个人的行动或决策依赖于另一个人的行动或决策这样的情况,委托代理关系就成立。

最早提出委托代理理论的是罗斯(Ross),其理论基础是现代公司制的产生与发展,公司制的成熟慢慢导致了两权(经营权与所有权)分离。企业所有者鉴于自身没有时间或能力管理企业,将企业的管理权交与雇佣来的管理者经营,这就形成了委托代理关系。该委托代理关系中,所有者(委托人)总是想花费最低的成本换来受托者(代理人)的最大劳动付出与贡献,而受托者(代理人)总想以最小的付出取得最大的利益回报或更多的闲暇时间,这样一来,所有者与代理人二者之间的目标不一致,最终产生的冲突就是代理人问题。

代理人问题可归结为:受托者(代理人)出于经济人的假设,为了自己的利益可能会偏离所有者(委托人)的要求,从而给所有者(委托人)的利益造成损失。代理问题的两个直接结果是道德风险、逆向选择。在代理方和委托方目标不一致、信息不对称、契约不完善的情况下,如何应对才能达到股东权益最大化的目标?对此,委托代理理论给出的解决思路是:设计一种能够监督代理人工作、帮助所有者(委托人)达到目标的约束机制。所有者(委托人)要想减少代理风险、提高企业的绩效就要通过有效的激励机制、约束机制等管理受托者(代理人)。而这些管束机制要建立在对其绩效进行科学合理评价的基础之上,也可以说,绩效评价本来就是所有者(委托人)对受托者(代理人)的一种约束机制,具体的评价过程可看作是监督代理人的过程。在解决代理问题的同时还需要控制代理成本,所有者(委托人)势必要建立一套能够实现其对受托人(代理人)约束、管理的绩效评价系统,并借助此评价系统降低代理成本,提高管理效率。

综上所述,绩效评价就是所有者(委托人)监测受托者(代理人)的工作付出程度,以及其行为、结果是否与所有者(委托人)目标一致的过程。可以说,正是委托代理关系中所有者(委托人)与受托者(代理人)之间的目标有所冲突,才奠定了企业绩效评价体制存在的逻辑基础。

1.3.1.3　利益相关者理论

利益相关者理论产生于 20 世纪 60 年代时期的西方国家,它实质上是对股东利益最大化的经营目标的一个反思。该理论经美国斯坦福研究院首次提出后,由弗里曼(Freeman)、克拉克森(Clarkson)等人逐步发展、演化,如今已被广泛应用于管理学和经济学等领域。1999 年经济合作与发展组织通过的《公司治理结构原则》强调了利益相关者在公司治理中的作用。随着可持续发展战略、循环经济等在我国的成熟,我国学者对于利益相关者理论的研究也方兴未艾。

绩效评价作为企业激励机制与监督机制的基础,与企业自身的目标紧密相连。不同的企业目标需要不同的绩效评价。在"股东至上"理论的指导下,企业绩效评价理所当然地以股东利益最大化为企业目标,将所有者作为评价主体,将财务指标作为评价指标,对其他利益相关者的利益视而不见,此种情况容易导致企业行为以短期利益为主。利益相关者理论提出"企业的价值归属权和整体控制权不应该集中于所有者手中,而应当不均匀地分散于企业的物质资本和人力资本所有者之中",进而,企业目标也应当是为所有的利益相关者甚至是为整个社会创造有效的、更大价值的财富,而非只为企业的股东实现利益最大化。因此,利益相关者理论是对"股东至上"理论的突破与重新认识,在此理论的指导下原有的企业绩效评价也应当随之改变。

利益相关者理论的思想是,公司或经济主体的日常经营与价值增值均来自不同利益相关者的参与和贡献,因此企业谋求的利益不应该是只涉及所有者的利益,而应当是涵盖全部利益相关者的综合利益。上述利益相关者不仅包括股东、债权人、员工、消费者、供应商等与企业有着直接关系的客体,还包含政府、生活在周边的居民、媒体等间接的利益方,甚至还涉及自然环境、人类的子孙后代、不同的生物物种等一切与企业存在有着千丝万缕关系的客体。这些利益相关者都是企业在进行决策时所必须考虑的因素。

这样一来,绩效评价就会涉及以下程序:对企业利益相关者进行界定与分类,明确每一类利益相关者的需求,对各利益需求实行排序,确定利益需求的实现方式等。当然,这些程序的执行需要很高的成本,而且本身有一定的主观性与不确定性。即便如此,利益相关者理论仍然能够提示我们:企业仅仅关注股东利益最大化是绝对不可取的,在未来的发展中是完全行不通的;通过绩效评价机制的建立,引导企业在发展过程中实现利益相关者的利益均衡,在各相关利益均衡中,股东利益的保证是企业绩效评价的基础。

1.3.1.4 可持续发展理论

目前,我国将可持续发展定义为:"既满足当代人的需要,又不对后代人满足其需要的能力构成危害的发展。""可持续发展"一词最早出现在1972年的联合国人类环境大会上,不过,该词在会议上被提出以后并没有很快得到重视与发展,直到经济发展的步伐越来越受到原有经济发展模式的制约、环境问题也日益严峻并威胁着全世界居民时,世界各国才真正意识到可持续发展的重要性,才陆续将其作为国家发展的重要战略。可以说,可持续发展产生于人们对传统经济社会发展模式的否定与重新思考。

可持续发展理论能够成为企业全员绩效评价的指导理论是因为:现有的绩效评价只反映和衡量那些能以货币计量的经济业绩,不涉及资源和环境耗费方面的成本,这样计算出的企业收益高于实际水平。可持续发展理论教导我们把环境因素纳入企业全员绩效评价范围之中,目的是引导企业管理者逐渐把目光放得更为长远,使企业的责任被广泛地划分为财务责任、社会责任和环境责任,从而真实客观地反映企业的绩效。考核企业对环境的正、负外部性有利于调动企业参与环境保护的积极性,改善企业的公众形象。另外,政府也能够从环境绩效评价的结果客观分析企业对社会做出的综合贡献并做出合理的政策决策,促进社会经济走可持续发展之路。

1.3.1.5　环境成本理论

环境成本理论意在强调企业的生产经营除了会计成本以外,还有以牺牲环境与资源为代价的企业不愿自行承担的成本,即环境成本。此理论提出的目的是引导企业承担环境责任,因此它是建立在社会责任论基础之上的。社会责任是指企业从成立之初到日常运营,都需要对社会的方方面面承担一定的义务与责任。

环境成本理论的核心内容是企业在保证经济利益的同时不能忽视自身发展对环境造成的损害,在获取利润的过程中要考虑到对资源的消减以及对周边环境带来的负面影响等问题。因此,应当提倡企业增加环保设备的投入,严格控制污染物的处理与排放。企业依赖社会资源生存,一味地追求高利润的发展模式是不可能持续的,靠无偿占有自然资源、牺牲子孙后代的利益来发展的道路是不合理的。只有当社会中每一个企业都能主动意识到并自觉承担起自己的社会责任时,整个社会才有可能走上可持续发展的道路。

环境成本具体可限定为企业为防范或弥补其生产发展对环境造成的负面影响而发生的成本,包括为完成或被要求完成环境保护与治理目标付出的全部成本,具体主要包括:

(1)资源耗减成本。资源耗减成本是指因企业开发资源而降低了自然资源总体数量以及价值所产生的成本。

(2)资源维护成本。资源维护成本是指为维持自然资源的现状所耗费的成本。要保持经济的可持续发展,企业以及社会的每一位成员都要付出一定的物力、财力以保证资源不枯竭。

（3）环境降级成本。环境降级成本是指因为"三废"等的过量排放，超过环境承载力而使自然环境、资源质量总体层次的降低带来的价值损失。环境降级成本等同于污染损失成本，例如，大气、水资源和噪声污染等以及其他恶劣环境对居民生活质量的影响与身体健康的威胁等。

（4）环境保护成本。环境保护成本是指已有生态资源降级后为了恢复其原状或者消除对其造成的负面影响所耗费的成本，主要包括各种垃圾和废弃物的处理、污水净化、环境卫生维护等所带来的成本。

1.3.2　企业全员绩效评价改革的策略

1.3.2.1　以工作分析为基础制定科学的绩效指标

工作分析是通过系统、全面的情报收集手段，对某项工作或职务的任务、职责、设置目的、权力和隶属关系、工作条件和环境等相关信息进行收集与分析。评价者在制定绩效指标时应高度重视工作分析。在设计绩效管理所应用的绩效考核表之前，考核者首先应清晰了解全体员工的工作方式及工作发展，从而清晰地确认员工的职位与职责。只有这样，才能了解该职位需要掌握什么样的知识、技能，需要什么样的工作态度、工作流程等。

企业由于自身原因存在着多种类型的工作职位，不同种类的工作职位在具体的工作分析中不尽相同。从企业绩效管理的角度来看，员工的职位不同，需要在绩效评价中被评价的要素就会因此存在一定区别。从这个层面来说，如果企业在对员工的评价中采用同一张评价表，其得到的评价结果显然是不科学且不合理的。合理的评价表在设计时应从科学合理的管理层面出发，对企业所有的职位进行分类，如能源企业可以将员工职位划分为管理类职位、技术类职位、后勤服务类职位等。通过对职位的不同分类，得到的职位评价分数既有企业员工自身考核的绝对值，又有员工在本类职位中评价结果的相对值，这样才能对员工起到激励作用。

企业在年初制订绩效计划时,应在对员工进行详细的工作分析的基础上,结合企业每一个具体年度所确定的企业战略发展目标及企业管理层所制定的具体管理工作计划,通过管理层和员工之间的绩效沟通,来制定科学合理的人力资源绩效评价指标。对于能源企业来说,需要改变旧有的由企业管理者直接下达绩效评价指标的管理方式,通过和员工多沟通、多交流,具体征求员工对绩效管理的意见,从而制定科学合理的绩效指标。各绩效评价指标及相应的权重应参照企业当年的业务目标而设定,并以此作为评估员工薪酬、奖惩、升迁的基础。在绩效评价指标上要避免出现含糊不清的内容,去除一些无意义的、大道理式的指标。在权重上应通过对每个被评价者的职位性质、工作特点来进行分析,从而确定每项指标及其在整个指标体系中的重要程度,赋予相应的权重,以确保考核的科学合理性。

1.3.2.2　选择搭配合理的评价方法

在整个评估过程中,绩效标准起着重要作用,但往往被忽视。工作分析的结果已经明确表示企业员工应该做的工作,绩效评价的标准则需要解释企业在经营管理中绩效指标所必须满足的程度。通过将工作分析与企业绩效评价指标二者结合起来,能够对员工的工作及评价进行清晰的论述。设定企业绩效标准的具体评价方法的主要目的通常有以下三种:

(1)通过评价方法与评价指标引导企业员工的行为,具体实现企业给员工设定的工作标准。

(2)通过评价方法及评价指标,结合员工的工作分析,建立一个公平合理的竞争环境及工作平台。

(3)通过评价方法及评价指标奠定公正评价员工的基础。制造一个有效的评价,最重要的是了解如何对评价要求进行解释,而绩效标准是最好的方式,能够有效促进企业经营管理目标的实现。

1.3.2.3　优化薪酬体系

进一步优化薪酬体系,可提高员工对收入的满意程度,从而调动员工的积极性,提高企业的整体效益。对于企业来说,员工对企业给予的薪酬的满意度是企业激励员工,提升人力资源管理有效性,尤其是避免员工流失的重要保障。正因如此,不断优化薪酬体系是企业绩效管理中必须关注的关键性因素。同时,优化薪酬体系要根据企业的实际收益情况进行横向薪酬体系与纵向薪酬体系的综合比较,根据企业经营管理发展的需要做出最终决策。

1.3.2.4 加强培训有利于系统地认识绩效管理

员工和管理者对于绩效管理往往会存在一定认识上的偏差,如果不消除这些偏差,将会给绩效管理的实施带来很大隐患。所以,对全体员工进行专项培训,更新全体员工尤其是管理层对绩效管理的认识是十分必要的。加强绩效管理相关培训可让企业的员工,尤其是企业的管理者知道绩效管理的定义及其对自身工作的影响,明确绩效管理体系中自身所具有的权利和义务。绩效管理从本质上来讲,是企业全体员工都应参与的事情,但是高层领导管理者在企业生产经营中所具有的地位和影响力,决定了其必须站在企业改革的最前台,必须从行动和理念上积极参与绩效管理。

提高人力资源主管的专业化水平是整个企业人员培训的一项重点。在企业绩效管理的优化过程中,人力资源管理者起着至关重要的作用。人力资源管理者要利用其自身专业知识和实践经验,从企业的实际情况出发,结合绩效管理的要求设计出企业绩效管理的流程体系,还要对具体实施过程中所涉及的各类规章、制度等进行必要的设计及修订,为企业其他部门的管理者与员工提供必要的咨询与帮助等。

1.3.2.5 进行绩效沟通和绩效反馈

从企业绩效管理自身的运作机制来看,良好的绩效沟通与细致的绩效反馈能够及时解决绩效管理中出现的问题,从而有效提高企业的经营管理绩效。在具体的方法选择上,绩效沟通与绩效反馈通常可分为正式与非正式两类:

（1）正式的绩效沟通与绩效反馈是事先计划和安排好的，常见的方式有定期的书面报告、定期或者在工作必要时所进行的面谈、有部门负责人等管理人员参加的定期的小组会谈或者相关的工作团队会等。

（2）非正式的绩效沟通与绩效反馈则没有经过事先计划与安排，常见的方式有闲聊或者走动式交谈等。

总之，企业的管理者应从实际情况出发，灵活选取绩效沟通与绩效反馈的方式。对于企业来说，有效的绩效沟通与绩效反馈不仅能使企业的管理人员及时掌握员工与部门工作绩效目标的进展情况，还能及时肯定员工的工作成绩，提升员工从自身工作中所能获得的满足感，以促使其更加努力地工作。

第2章 基于互联网的企业全员绩效评价系统

绩效评价系统定位于保证企业战略目标实现的信息化工具,它本身既是一个链接企业战略的绩效管理软件,也是一个可以轻松整合和度量业务的商业智能产品。本章首先对绩效评价系统进行概述,在此基础上研究了基于互联网的开放式创新平台绩效评价系统的构建。

2.1 绩效评价系统概述

基于互联网的能源企业全员绩效评价系统(以下简称"绩效评价系统")是使用已有的绩效指标体系和评价标准,解决能源企业全员绩效评价全过程的计算机程序。

2.1.1 系统的含义

绩效评价系统是企业管理者用来保持或修正企业活动形式的所有正式的、以信息为基础的方法和程序的总称。通过比较实际结果和战略目标之间的差距,管理者可时时追踪企业战略的实施进度。可以说,成功的管理者借助这一系统能够捕捉到或者创造出机会,使自己在竞争中领先。

2.1.2 系统的构成要素

一般而言,绩效评价系统由评价主体、评价客体、评价目标、评价内容、评价指标、评价标准、评价方法、评价结论八大基本要素构成。

2.1.2.1　评价主体

评价主体是指由谁进行评价。从理论上讲,每一位企业利益相关者都会出于某种目的对企业绩效进行评价,因此评价主体主要包括企业经营管理者、政府相关部门、投资者和债权人等利益相关者。此外,企业员工、社会、供应商等作为企业的利益相关者,也可以组织开展企业绩效评价活动。由于各利益主体关注的重点不同,目标要求不同,在组织实施企业绩效评价时,可以采取调整指标权数、加大重点关注内容的评价指标权重等方式,达到评价活动所要实现的目标。

2.1.2.2　评价客体

评价客体是指企业绩效评价系统的对象,即对谁进行评价。一般来讲,企业绩效评价系统的主要对象是企业。评价企业的绩效,主要指一定经营期间企业的经营业绩、经营效果及综合社会影响,具体表现在盈利能力、资产运营水平、偿债能力、企业核心竞争力和后续发展能力,以及社会贡献和社会责任等方面。同时,企业经营者的绩效评价也是一个不可忽视的问题。经营者绩效主要通过经营者在经营管理企业的过程中,对企业生存、成长和发展所做出的努力及其成果来体现。可见,企业绩效评价涉及企业经营绩效评价和经营管理者绩效评价两个方面。

2.1.2.3　评价目标

评价目标是指整个绩效评价系统设计运行的指南和目的,是整个绩效评价体系的中枢。企业绩效评价系统的目标是为企业所有者和经营者制定最优战略及实施战略提供有用的信息,具体表现为:

(1)为企业的战略制定提供支持性信息。在战略制定过程中需要对企业内外环境进行分析,找出本企业的优势和劣势,从中确定适用于本企业的最佳战略。

(2)为企业战略的实施提供控制性信息。通过绩效评价指标体系的设计,为预算的内容提供依据,并对预算执行情况进行及时反馈,使得企业有关管理系统能有效运行并及时发现战略实施中出现的问题,以便采取有效的措施来保证预定战略的顺利实现。

2.1.2.4　评价内容

评价内容一般是指对哪些方面进行评价。企业绩效是由企业生产经营等若干因素共同作用产生的综合结果,范围广、内容多。就企业经营绩效而言,其内容应包括财务方面的财务效益、资产营运状况、偿债能力、抗风险能力、发展能力等,经营方面的市场占有能力、企业创新能力、行业或区域影响力、人力资源开发利用等,管理方面的企业领导班子的综合素质、员工素质、管理策略等,社会影响方面的社会贡献、环境保护、资源节约与消耗等。

2.1.2.5　评价指标

评价指标是指对评价内容进行计量分析时所采取的经济单位。企业全员绩效评价系统关心的是评价对象与企业目标的相关方面,即所谓的关键成功因素(Key Success Factors,KSFs),是企业目标的具体化,这些关键因素具体表现在评价指标上。关键成功因素有财务方面的,如投资报酬率、销售利润率、每股税后利润等;也有非财务方面的,如售后服务水平、产品质量、创新速度和能力等。企业绩效评价从单一财务指标发展到包含非财务指标的综合指标。因此,用来衡量绩效的指标也分为财务指标和非财务指标。如何将关键成功因素准确地体现在各具体指标上,是绩效评价系统设计时需考虑的重要问题。

2.1.2.6　评价标准

评价标准即评价的参照体系,亦即评价的对比标尺,是判断评价对象经营绩效优劣的基本依据。绩效评价要求选择与评价目标相关的适应标准,通过各种途径获得的企业经营绩效信息必须与预先确定的标准进行对比,才能判断出经营状况的好坏。评价对比的标准不同,得出的评价结论也各异。选择什么标准作为评价的基准取决于评价的目的。在企业全员绩效评价系统中常用的标准为年度预算标准、行业平均标准、国内先进标准、国际同类标准等。具体的选用标准应与评价对象密切联系。

2.1.2.7　评价方法

评价方法是获取绩效评价信息、取得评价结果的手段。有了评价指标与评价标准,还需要采用一定的评价方法,从而实施对评价指标和评价标准的对比分析和判断,得出评价结果。没有科学合理的评价方法,评价指标和评价标准就成了孤立的评价要素。随着绩效评价的发展,评价方法经历了观察法、统计法、财务评价法、财务评价与非财务评价相结合法四个阶段。目前,财务评价与非财务评价相结合的方法是最为常用的评价方法。

2.1.2.8　评价结论

评价结论是绩效评价系统的输出信息,也是绩效评价系统的结论性文件。绩效评价人员以绩效评价对象为单位,通过会计信息系统及其他信息系统,获取与评价对象有关的信息,经过加工整理后得出绩效评价对象的评价指标实际完成状况,再与预先确定的评价标准进行对比,通过差异分析找出产生差异的原因、责任及影响,得出评价对象绩效优劣的评价结论,形成绩效评价报告。

上述八个要素共同组成了一个完整的企业绩效评价系统。概括地讲,企业全员绩效评价,就是评价主体确定评价客体及所要评价的内容,选择能够充分反映评价内容的评价指标,按照评价行为所要实现的评价目标选择评价标准,采取与之相适应的评价方法进行分析判断,取得所需要的评价结果及评价结论的过程。各评价要素之间相互依存、相互联系、相互影响,由此构成了一个结构严密、层次分明、目标明确的评价系统。在评价系统中,不同的评价目标决定了不同的评价选择,可以说目标是绩效评价系统的中枢,没有明确的目标,整个绩效评价系统将处于无序状态之中。而从评价要素来讲,评价指标、评价标准和评价方法处于核心地位,是实施评价活动的基础和前提。

企业全员绩效评价要素构成及运作程序见图 2-1。

图 2-1　企业全员绩效评价要素构成及运作程序

2.1.3　系统的创新与调整

新经济环境下,企业战略、组织形式、财务管理、价值估计及员工激励机制等方面面临前所未有的巨大变革,传统的绩效评价系统由于其固有的缺陷已不能适应环境变化及相应的企业管理变革要求,整个企业绩效评价的理论基础和方法体系在复杂多变的环境中也面临严峻的挑战。与此相适应,企业绩效评价系统也必须进行创新和调整,战略性绩效评价系统成为必然。

2.1.3.1　绩效评价纳入战略管理的全过程

在企业管理中,绩效评价系统具有一种导向作用。罗伯特·西蒙斯(Robert Simons)把绩效评价系统比喻为驾驶一辆汽车,方向盘、加速装置和刹车让驾驶者能够控制汽车的方向和速度,仪表盘提供行驶速度等数据,以提醒驾驶者可能存在的安全隐患。像一辆高速奔驰的赛车,越是表现优异的企业,越是需要出色的绩效评估系统对企业的运行状况进行监测,以便管理者充分挖掘企业的潜力,防范企业风险。传统的评价系统,包括作业和管理控制系统都是由成本和财务模式驱动的,是围绕财务评价和财务目标建立起来的,与企业实现长期战略目标的关系不大。过分关注短期财务评价容易导致企业在战略的设计和实施之间留下缺口,造成战略制定和战略实施严重脱节。在企业日益加强战略管理以获取竞争优势的今天,绩效评价系统应适应整体战略的要求,与企业战略经营目标紧密联系,并把绩效评价纳入整个战略管理过程,实施战略性绩效评价成为企业绩效评价发展的必然趋势。也就是说,要把企业的战略作为绩效评价的起点和管理的起点,通过绩效评价指标体系将企业战略目标转换成阶段性的战术目标,再将这些目标自上而下地层层(高级管理人员、一般或中层管理人员和职员)转化为具体的评价指标内容,以便不同部门、不同人员明确各自的任务,即高级管理人员清楚达到长期战略目标的关键因素,各部门管理人员和职员清楚各自所完成的任务对企业总目标完成的影响,从而有效解决传统管理体制下制定战略和实施战略之间存在的差距问题,并使得各部门在企业战略的统一部署下协调一致,实现整体利益最大化。

　　总之,应努力将企业的战略目标转化为阶段性的、具体的、可操作的并为大多数人所理解的目标,使绩效评价指标体系融入战略管理的全过程,真正体现为企业战略管理服务的思想。

2.1.3.2　财务指标与非财务指标相结合

　　财务指标是评价企业战略经营业绩的一个重要方面,但它不能也无法涵盖全部业绩评价的内容。战略经营业绩的评价应从影响企业经营的关键因素入手建立指标体系,才能进行正确的评价,而财务业绩评价指标体系偏重于企业内部因素对经营业绩影响的评价,忽视了对外部因素影响的评价。在现今这个多变的经营环境下,企业所面临的外来环境挑战越来越激烈,没有对外部环境的正确评价,企业很难发现自身的优势与劣势以及所面临的机会和挑战,也就很难在长期的竞争中获得战略优势。因此,业绩的评价除了要关注企业内部管理水平及生产率的提高外,还应充分注意诸如客户满意程度、企业产品市场占有率、技术创新与产品创新等外部因素。此外,员工的满意程度也应作为业绩评价需考虑的重要因素。不重视这些重要因素的影响,业绩的评价就不可能做到客观、综合、合理。

　　通常,财务指标由于其数据太依赖会计报表而具有滞后性,而非财务指标,如客户层面、职员层面和内部生产经营过程层面等有关指标,大多能反映出企业发展的趋势,具有一定的预示性作用,可以有效地弥补单一财务业绩评价指标体系易导致企业短期行为的缺陷。事实上,财务业绩与非财务业绩都是企业总体业绩不可或缺的组成部分。财务业绩是通过会计信息系统表现的表象、结果和有形资产的积累;非财务业绩则是通过经营管理系统获得的内因、过程和无形资产的积累,是本质的东西。可以说,非财务指标的评价基准决定了它最终向财务指标的回归。

2.1.3.3 注重反映利益相关者的要求

传统的企业绩效评价主要在于满足企业投资者、债权人和管理者的需要,即只偏重对企业内部经营管理的衡量。但随着利益相关者理论的兴起,利益相关者的概念及内涵被大大扩展:广义的利益相关者指能够影响企业或受企业决策和行为影响的个人与团体,如员工、股东、顾客、供应商、政府部门、环境保护主义者等。在传统企业管理理论中,这些个人和团队大多从企业环境或外生变量的角度被定义,因此被排除在企业管理的视线之外。

随着信息时代的到来,经济全球化与一体化进程不断加快,企业市场的深度和广度日渐得以拓展,加强了企业与顾客、供应商和监管方等的联系。顾客需求的满足,直接关系到企业的生存和发展,供应商也已成为企业不得不考虑的利益相关者。随着委托服务的兴起,当企业将其非核心业务委托其他公司完成时,对供应商的依赖程度就大大提高了。与此同时,不能忽略监管方的影响,如欧洲委员会、美国司法部、证监会等对公司不正当竞争、价格垄断、违背诚信、虚假信息披露等行为进行惩罚。此外,由于员工利益的满足关系到员工工作的积极性与主动性,进而直接影响到企业绩效,因而员工也应是企业不可忽视的一方面。因此,员工、投资者、客户及其他利益相关者对企业的忠诚关系便成为企业最重要的战略资源。在现代西方企业管理理论中,利益相关者已被视为企业的构成要素,纳入广义的企业管理范畴,对利益相关者的管理也成为企业战略管理研究的一个新领域。

因此,新的战略性企业绩效评价在注重企业内部经营管理过程的同时,开始将视野投向企业的利益相关者,不但投资者、债权人和管理者要了解企业的绩效状况,企业的其他利益相关者(如政府、社会公众、客户、供应商、企业职工等)也要了解企业的绩效状况。可见,企业绩效评价由绩效评价的单一性转化为多角度评价与综合评价相结合,综合考虑了各方的要求。

2.1.3.4　结果评价与实时动态过程评价相结合

随着信息技术的发展,企业的组织结构呈扁平化、网络化、虚拟化、学习型组织和"功能性团队"等发展趋势,具有沟通机制功能的管理控制系统也必然逐步由纵向控制和后馈控制进化为横向控制和前馈控制。与此同时,作为管理控制系统中信息反馈机制的绩效评价系统也必将由主要提供事后的财务信息向全面提供事后财务信息及事中、事前的其他绩效信息的方向发展。

传统的企业绩效评价主要是对企业经营活动的成果或结果进行评价,忽视了企业经营活动过程本身的运行和发展趋势,结果评价的滞后性使其无法帮助企业管理者有效地对企业的经营活动进行及时的监督和调控。由于目前企业面临着竞争加剧、客户需求不断变化、经营风险加大的不确定性动态竞争环境,管理者需要更加及时、全面地了解和掌握企业的经营过程。而对企业的经营活动所进行的动态的过程评价,管理层依据的不可能只是反应性和总结性的事后业绩,而需要动态地、适时地对企业运作过程进行监控,甚至需要大量的、事前的、具有预见性的绩效指标以便更好地支持战略目标制定、战略调整以及实施。因此,绩效评价体系不仅要系统地反映企业前一阶段的经营活动的效果,同时也要更全面地反映企业综合状况以及未来发展趋势,以便管理者能及时地发现问题,寻找出绩效动因,有效地预测未来和引导结果。

总之,绩效评价作为管理控制系统的一个子系统,对企业的导向性非常重要。由静态的结果评价向动态的过程评价和趋势评价发展,以实现实时控制,自动提供解决方案,发挥绩效评价的导向作用,通过趋势评价来引导企业和管理者、员工的行为,成为绩效评价调整的必然方向。

2.1.3.5　注重对知识与智力资本等无形资产的评价

随着知识经济的到来,企业赖以生存和发展的核心利润源已经发生了实质性的变化,从以实物型资产(如土地、建筑物、制造设备、存货等)

为主,演变为以实物型资产和金融/财务型资产(如现金、存款、应收款、信贷、投资、股东权益等)为主,进而演变为以金融/财务型资产和无形资产为主。尽管实物型资产和金融/财务型资产依然重要,但管理及运作这些资产的专业知识和经验变得更为重要。在一些发展比较超前的企业中,企业的核心利润源和核心竞争力越来越多地体现为一些高价值的无形资产,既包括企业内部的无形资产,如品牌、商誉、技术及知识产权、机构知识资源、企业管理层的能力、企业战略、企业文化、机构组织架构的合力等,也包括企业的外部价值链,如客户、销售渠道、战略联盟、员工、供应商、合作伙伴等,这些无形资产实质上就是企业内部知识的积累以及智力资本的体现。企业本质上是知识的集合体,知识资源使得企业通过系统化的知识学习、制度化的知识共享、组织化的知识再创新从而获得持续竞争优势。知识与智力资本对当今在竞争激烈环境中的企业的经营成功起着举足轻重的作用,如微软公司的账面资产价值与公司的市值之间的巨大差额,以及 NEC 等高科技产业的股价均高于传统产业的股价,这不能不说是知识与智力资本作用的结果。传统绩效评价由于建立在传统的会计数据基础上,因此无法对知识和智力资本等无形资产进行比较充分的确认、计量与报告。

把上述资产纳入会计报表并成为正式的财务衡量的内容尚需时日,但把它纳入绩效评价指标体系则是势在必行。

2.1.3.6 注重创新绩效评价以形成持续核心竞争优势

信息经济时代经济发展的核心特征就是创新,也正是因为有了不断的创新,信息经济发展才具有了旺盛的生命力。创新又以技术创新最为重要。当前国际范围内的竞争主要是经济竞争,经济竞争的核心是技术和人才的竞争。在国际资本相对过剩、人才流动频繁的条件下,在市场容量、资源、环境的约束更为强烈的今天,企业在竞争中的地位和优势主要取决于其技术创新及创新成果转化为生产力的速度、范围和效益。

核心竞争力是指企业或组织所具有的,其竞争对手不易模仿或超越的,企业持续不断的竞争优势,包括研究和开发能力、不断创新的能力、将技术和发明成果转化为产品或现实生产力的能力、组织协调各生产要素进行有效生产的能力以及企业应变能力。

企业的核心竞争力是企业长期发展能力和企业业绩不断得到改善的有力保证,是企业战略经营成功的法宝。企业的创新与核心竞争力之间是相互促进的关系:没有形成与保持核心竞争力的愿望就没有创新的动力,也就没有核心竞争力的形成。著名经济学家罗伯特·艾略说过:"技术是企业参与全球竞争的一个强有力的武器。"从形成市场优势地位来看,创新可使企业在市场竞争中获得优势,可以使企业更迅速地开拓新的市场领域,如提供了一种新产品可以抢先占领市场;或者由于改进了生产工艺使产品成本下降,使企业获得价格上的优势,从而不断扩大企业的市场占有份额。从企业的发展来看,不断创新有利于企业的长期发展,提高自身的竞争能力,减少企业未来的不确定性。此外,创新还可使企业的资源配置更趋合理,产生更好的整体效益,降低企业受威胁的程度,使企业在具有竞争优势的基础上谋求更大发展,从而进入良性循环。总之,创新是企业核心竞争力形成与保持的关键因素,核心竞争力是企业实现其战略经营目标的法宝。因此,创新业绩的评价是企业绩效评价中的一项重要内容。

2.1.3.7　注重对企业整体业务流程的评价

长期以来,成本效果在很大程度上决定着企业的成功。判断一个企业的优劣胜败主要是依靠财务指标来比较其与竞争对手的获利能力与市场占有率。但是在柔性生产、快速定制化产品以及全球经济的年代,企业间的竞争重点已逐渐转变成各自供应链体系的效能之争,所比较的则是谁能以最快的速度、最低廉的成本满足顾客定制化、个性化的产品要求。企业要在竞争中求得生存,就必须从以成本为中心转到以顾客为中心。企业是一个有机的价值创造系统,价值创造表现为一系列的投入转变成有目的的产出的复杂过程,竞争者价值链的差异是企业的竞争优势的一个关键来源。

与管理价值链相关的战略主要是生产低成本、高质量的产品,而其主要通过规模经济、生产能力的有效利用、学习效应、产品和信息的流动及质量控制等手段达到。价值链中价值的创造主要来源于企业的各种主要活动和各种支持活动(如产品开发、物料采购、人力资源和其他生产管理活动)以及两者的相互配合。因此,价值链的管理要求企业把关注点从单一部门的管理扩展到从原料、制造、运输、分销直至顾客手中的整体作业流程管理,并随着市场的变动,迅速修正并改变其供应链结构,以增加效率,控制成本,实现客户价值最大化。企业与企业之间的竞争正逐步转化为供应链与供应链之间的竞争,可行的企业绩效评价应是对整个供应链体系管理优劣的现实评价。

传统的企业绩效评价侧重于对单一企业或单个职能部门的评价,企业组织中的各个部门被视为独立的个体,设定其专属的目标和绩效评价标准,经理人专注于改善所负责部门的绩效,以确保目标的实现,而较少关心其部门目标的达成对其他部门或供应链中其他成员产生的影响,如企业的采购部门往往过分追求供应商的低报价和低采购费用,而不太重视整个供应链的材料缺陷费用、质量成本和总库存成本。此外,适用于静态产品和大批量生产的传统评价方法也不能反映供应链的动态经营情况,不能对业务流程进行实时分析评价。因此,适应企业竞争环境和竞争方式的变化,从供应链整体出发,注重对企业整体流程的评价成为必然。

综上所述,企业绩效评价将顺应现代化企业管理的要求,融入整个战略管理过程,并将战略目标作为其绩效评价的起点和管理的起点;其指标体系的建立将在传统业绩评价的基础上进行完善的拓展,形成充分体现企业战略管理要求、体现企业核心竞争力和知识与智力资本作用的财务与非财务指标有机结合的动态实时绩效评价指标体系。

2.2　基于互联网的开放式创新平台绩效评价系统构建

绩效评价问题一直备受理论界和企业界的关注,在基于互联网的开放式创新平台(Open Innovation Platform based on the Internet,OIPI)中,分布在全球各地的独立个体以兴趣为聚合点,以网络为汇集地,自愿参与到企业创新活动中,基于互联网的能源企业评价系统的构建可以此为借鉴。

2.2.1　构建 OIPI 绩效评价系统的必要性与重要性

2.2.1.1　构建 OIPI 绩效评价系统的必要性

在市场竞争中,追求利益永远是公司的第一目标。虽然企业具有营利性,但是随着社会发展,企业作为社会发展必不可少的助力者,大大小小的企业不仅促进了知识、技术手段和产品传播,而且推动了人们利用现有的知识文化进行再创新。然而,企业在利用互联网建设全新的创新平台的同时,也导致有关知识产权的争端问题逐渐增多,暴露出一些创新平台的诸多漏洞。

(1)基于网络建成的创新平台不够开放,未成系统。就现在的市场情况来说,有能力建立这种新型创新平台的通常都是在行业中已经遥遥领先的企业,有非常雄厚的资本基础,且数量很少,一般人和普通企业难以企及,因此该平台的建立者和成员都脱离大众,比较"贵族化"。同时,这些因素导致已经建成的平台零星分布、不成系统,难以形成大格局。由于各个平台都是互相独立运行的,所以各个平台间的分享和交流非常少,这也导致每个平台都在进行相似的研究,难以取得大的突破,研究资源不能得到很好的利用。此外,现有的每个平台各有特点,相互间很难分出孰优孰劣,这说明目前仍然缺乏统一、科学、合理的绩效评价系统。总而言之,我国目前仍然没有形成相对和谐统一的开放创新平台。

(2)有关知识产权的争端频发。制约创新平台发展的重要因素之一就是我国现有的知识产权制度还难以应付该平台发展壮大带来的冲击。在网络环境下的开放平台中,平台成员多样,不仅包括各种研究人员、平台开发者,也包括来自社会上的各种关注创新的人,甚至不乏同行竞争者。在这种复杂的利益关系中,开发平台的公司必须划定一个合理明确的界限,清楚什么样的信息可以公布共享,什么样的信息必须严格保密,从而减少信息问题。但是这种界限很难把握,如果共享信息太少,平台很难为其他的参与者带来利益;如果共享信息较多,公司的利益就会减少,而平台的活跃度势必要求公司共享的信息具有一定的价值。

此外,平台成员来自各行各业,背景复杂,那么研究成果的知识产权的归属地存在一定争议。在目前缺少明确规定的情况下,各种有关知识产权的纠纷也为创新平台投入实践带来了一定的难度。

(3)难以掌控整个创新平台的走向,机会主义盛行。由于新型的平台高度透明、开放,流动性非常强,每位成员都可以进行相互选择,这就导致创新合作关系非常容易发生变化,从而降低了平台的稳定性。换言之,在这种情况下,很难从外部调节,只能从创新平台内部进行约束稳定,自然也会造成"重复博弈"的现象。机会主义盛行,例如,有些企业花费不菲却得不到需要的技术;企业为规避风险,平台中会出现"劣币驱逐良币"现象;悬赏招标模式打击未中标的劳动者积极性。由于这些机会主义的存在,互联网平台上大部分创新需求得不到满足,需求缺口较大。

(4)管理体制不够完善。在新型平台中,平台成员的背景、目的各有不同,互为竞争者的情况也大量存在,在这种环境下,开发者很难在不过度干预成员的条件下管理平台。此外,网络环境固有的虚拟性、流动性和自由性也会放大这种矛盾,增加管理难度。若平台难以管理、体制混乱,提高创新绩效水平也就无从谈起。

综上,这种新型网络创新平台表面上存在的各种问题,其根源都在于统一、科学、合理和权威的绩效评价系统的缺位,所以我们必须注重绩效评价系统的建立与完善。

2.2.1.2 构建 OIPI 绩效评价系统的重要性

绩效评价系统是现代企业制度的重要组成部分,构建 OIPI 绩效评价系统不仅十分必要,而且相当重要。

(1)为"互联网+"时代企业创新决策提供参考。"互联网+"时代是一个瞬息万变的新时代,在这个时代,任何一个微小的错误都可能被无限放大。创新决策绝不能靠决策者"拍脑门"来决定,而必须以合理的绩效评价系统为依据。绩效评价实施的根本目的就在于为组织目标的顺利实现提供支持。与"互联网+"时代的特征相吻合、适应"互联网+"时代的发展动态是 OIPI 绩效评价系统的内在要求。它通过对个人、团队或组织的工作行为进行定期考察帮助企业制定初始决策,同时又可以协助管理者在偏差出现时进行追踪决策,从而为做出最佳创新决策提供重要参考。

(2)把企业创新战略转化为具体可行的测评指标。企业的创新战略是企业在未来较长一段时期的总体发展规划。由于其具有长远性和统筹性,难以直接执行,必须转化为一系列具体细化的测评指标。而 OIPI 绩效评价系统则在企业长远创新战略与具体战术规划之间架起了一座桥梁。它能够帮助企业识别出平衡短期开放式创新绩效与长期互联网创新能力的关键因素,保证了短期成果与长远发展之间的协调与统一。

(3)促进平台激励与约束机制的建立。互联网创新平台在迅速发展的同时,也不可避免地产生了一些问题,如知识产权流失、控制程度低、管理机制不健全、个人信用缺失、风险性与不确定性上升等,这些问题严重制约了互联网创新平台的可持续发展。为了扭转这种局面,必须建立起有效的平台激励与约束机制。OIPI 绩效评价系统有利于剔除影响创新绩效的干扰因素,正确指导企业创新行为,严格约束各方行为,从而建立起平台激励与约束机制。

(4)有助于正确处理企业内部与外部创新源的关系。传统绩效评价系统过分关注企业自身,对来自外部的市场参与者,尤其是竞争对手,采取敌对甚至是攻击的态度。OIPI 绩效评价系统从企业内部与外部创新源两个层面构建指标,将使企业认识到外部创新源在开放式创新中能够发挥出比企业自身更大的作用,从而将原本"针锋相对"的竞争关系转化为协同共存的竞合关系,在"利他"过程中实现"利己"。

(5)构建科学的绩效评价系统可使多方受益。创新平台参与方由原来的智力资本所有者升级成为企业技术创新的潜在发明者。以 OIPI 绩效指标为依据,可激发创新参与者的热情,挖掘创新潜力,规范参与行为。对于创新型企业来说,能够判断开放式创新发展现状、明确改进方向,加强对创新绩效的监控和管理,实现"以评促建、以评促用"的绩效评价目标。以绩效评价系统为指导,充分发挥创新平台在企业开放式创新中的牵引和带动作用,在供需连接点处创造新的发展契机。对于整个社会来说,OIPI 绩效评价体系的构建有利于各互联网平台之间进行横向比较,开展良性竞争,同时对于深度挖掘互联网背后的创新资源、促进创新驱动战略的早日实现也有所裨益。

2.2.2　构建 OIPI 绩效评价指标体系的原则

评价指标的多寡并不是判断指标体系设计是否科学合理的标准,指标体系设计的根本性问题是指标的选取必须反映评价对象的特点,并能够为提高企业创新绩效而服务。因此,在构建 OIPI 绩效评价指标体系时,需遵循时代性、全过程、成长性、层次性原则。

2.2.2.1　时代性原则

以网络为依托的平台型组织是"互联网+"时代的产物,在结构形态、运作方式、绩效生成等方面都与传统工业时代的组织存在重大差别。互联网在该平台型组织中不仅是一种技术支撑工具或知识联系纽带,更是信息聚集与创意碰撞的生态基地。因此,在选取 OIPI 绩效评价指标时,必须与工业时代的组织形式进行严格区分,设计出反映"互联网+"时代鲜明特点的评价指标体系。

2.2.2.2　全过程原则

绩效评价不仅是一种管理工具,更是一种管理思想,其主旨有两个:系统思考与持续改进。它强调动态和变化,强调对企业进行系统、全面的理解。

一个健全完整的绩效评价系统不但是对事后结果的评估,更要注重事前和事中的监控,以防患于未然,形成一个良性循环的运作体系。因此,评价不是一次性完成的,而是对绩效产生、发展的全过程进行评价。

2.2.2.3　成长性原则

创新过程需要经历较长的前置期,过于强调当前绩效或短期利益,会使企业患上"近视症",在急速扩张中陷入"贫困式增长"陷阱。急功近利式的发展难以应对当前激烈的市场竞争,当滞后的绩效衡量指标显示问题发生时,企业面对已经造成的损失往往束手无策。因此,OIPI 绩效评价指标的设计必须坚持成长性原则,变被动适应为主动预测,并对创新生态系统发展潜力与成长空间做出判断。

2.2.2.4　层次性原则

OIPI 是一个集互联网、开放创新、平台为一体的综合性系统工程,创新过程的多样性、创新网络的广泛性和创新活动的层次性决定了网络创新平台绩效评价指标体系的层次性。OIPI 绩效的影响因素很多,只有按照各因素之间的因果联系和隶属关系从高到低排列成若干结构层次,才能全面、完整地反映出开放式创新绩效。

2.2.3　构建 OIPI 绩效评价系统的思路与步骤

2.2.3.1　构建 OIPI 绩效评价系统的思路

如果仅仅将绩效等同于企业创新活动所追求的结果,会导致创新过程缺乏正确引导和有效监控,无法从更为基础和深入的层面探索网络平台绩效的形成机制;而如果仅仅将绩效视同一种企业行为过程,则很容易造成短期行为的产生,使创新活动偏离企业长远规划和长期目标。因此,单一的结果绩效或过程绩效都无法全面地表现出绩效的完整涵义。

虽然国内在对开放式创新绩效进行评价时逐渐从单一维度视角向多维视角转变,如陈劲、陈玉芬(2006)从创新产出绩效和创新过程绩效构建指标体系,蔡宁、闫春(2013)从财务绩效和战略绩效两个层面测度开放式创新绩效;也有部分学者在构建企业技术创新能力评价指标体系时采用了创新投入力、创新转换力和创新产出力的三维结构体系,如李金海、张录法(2000),黄鲁成、张红彩(2006)。但是,以互联网平台为介质的开放式创新绩效评价系统尚未建立。

作为互联网时代的特殊产物,平台型组织是介于市场和企业之间的第三种组织形式。而所有组织形式的共性就是都处在一定的环境之中,并与环境不断进行着投入产出交换。OIPI 是一个复杂的投入转换产出系统,投入、转换、产出中任何一个环节的缺失或忽视都会对平台绩效造成不同程度的影响。OIPI 是一个由众多要素构成的智慧生态圈,具有关联性、系统性、开放性、自组织性等特征。在进行绩效评价时,应该以系统理论和整体思维为基础,审视该创新生态圈的运作过程和内在联系,构建出一套立体式、综合型的指标群。因此,应当尝试从投入、转换、产出三个维度构建评价指标。相应地,一个完整的 OIPI 绩效应该包括潜在绩效、过程绩效和结果绩效三个部分(图2-2)。

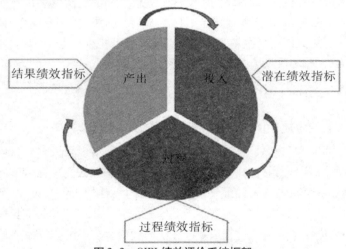

图2-2　OIPI 绩效评价系统框架

2.2.3.2　构建 OIPI 绩效评价系统的步骤

OIPI 绩效评价系统是一个涉及内外诸多因素的综合系统,其构建是一项复杂的系统工程。其具体步骤如下:

(1)阅读并归纳国内外相关研究成果。OIPI 绩效评价是一项开创性的研究工作,没有可以直接借鉴的前人成果,因而可通过广泛阅读开放式创新绩效、虚拟社区绩效、平台绩效等及其相关文献,查找已经被学者们使用并证明过的评价指标,形成初步的理论基础。

(2)确定绩效评价系统的分析框架,生成一级指标。可按照投入—转化—产出的绩效模型提炼出三个一级指标,即潜在绩效、过程绩效与结果绩效。

（3）对目标层进行分解。根据评价目的以及创新平台运行的实际情况，对三个一级指标进行细分，转化为能够直接测量或感知的细化指标。

（4）最终确定 OIPI 绩效评价系统。考察数据的可获得性与可采集性，对指标进行取舍，确定指标体系的具体构成。

第3章 供给侧改革驱动下企业全员绩效评价的实施

绩效评价的实施和管理是履行绩效计划,实现绩效目标的过程,决定了绩效计划的落实和绩效目标的实现,是绩效管理的重要环节。其实施的最终目标是保证绩效计划得到有效的落实,绩效目标得以实现。本章研究的内容包括绩效计划及其制订、绩效评价的组织与实施、绩效评价结果的应用。

3.1 绩效计划及其制订

3.1.1 绩效计划

3.1.1.1 绩效计划的含义

绩效计划是指管理者与员工根据既定的绩效要求,共同制定并不断修正绩效目标,以及实现目标的过程。绩效计划是绩效管理的首要环节,后续的绩效过程控制、绩效评价以及绩效反馈都是建立在绩效计划之上的。

(1)绩效计划的制订以企业的战略目标为基础。绩效计划涉及的时间不长,一般以一年为一个评价期。绩效管理要达到怎样的管理目的,需要对企业的战略目标进行分析,结合企业当前的内外部环境因素,制订未来一段时间的企业发展计划(如年度目标),明确对员工的期望、工作标准及期限等,然后在此基础上确定绩效计划的预期目标。

（2）绩效计划由管理者和员工共同协商制订。一般来说，人力资源部门对监督和协调绩效管理过程负有主要责任，而各职能部门的经理人员也必须积极参与绩效计划的制订。另外，绩效计划的制订必须要有员工的参与，因为这样才能使员工目标与企业目标结合起来，同时也能使员工在此过程中不断明确自己的职责与任务。员工在参与制订绩效计划时，需要大胆与上级沟通，反映自身具体情况及相关诉求，管理者也需要耐心听取并采取相应的措施。只有注重双方的沟通及员工的积极参与，才能制订出一个完整有效的绩效计划。

（3）绩效计划主要围绕员工所要达成的目标来展开。在制订绩效计划时，必须清楚地表明期望员工所要达到的结果及在达到结果的过程中所要展现出来的技能，这样员工才能清晰地认识到自己该做什么、为什么做、需要做到什么程度，并明确绩效管理对个人发展的好处，绩效管理的方法、宗旨及流程，以及绩效计划的最终目的与期望的结果等。

3.1.1.2　绩效计划的内容

绩效计划作为绩效管理的起点，起着基础性作用。因此，在绩效管理的过程中，首先要明确绩效计划的内容，否则会严重影响后续的绩效实施、绩效评估、绩效结果应用等环节的工作效果，导致绩效管理的目标无法实现。一般来说，组织管理者在制订绩效计划时，至少应该包含绩效任务与职责，绩效评价指标与标准，绩效目标及其结果，实现绩效目标的时间约束、可能遇到的问题与困难、所需的支持与帮助、所需的知识与技能，对方在绩效计划中的权利、义务关系等方面的内容。

1. 绩效任务与职责

绩效任务与职责就是指员工在这一绩效管理周期内所需要完成的任务以及所承担的职责，以及这些任务与职责的重要程度，即一方面要明确员工应该做什么，应该承担什么责任；另一方面还必须明确各项任务和职责的重要程度，引导员工在工作中关注重点。例如，员工在本绩效周期内必须把顾客的满意度水平提高至95，这是本周期内最重要的工作任务，这样的描述就是典型的绩效任务与职责。

2. 绩效评价指标与标准

绩效评价指标是指用什么维度去评估员工的绩效水平,解决的是"评价什么"这个问题。而绩效标准则是衡量绩效任务完成情况的依据,即评估员工在每一个绩效评价指标上的绩效水平,解决的是"员工做到了什么程度"这个问题。例如,销售额就是一个具体的绩效评价指标,而100万元的销售额、50万元的销售额等就是衡量这个绩效评价指标的标准。

绩效评价指标与绩效标准是绩效目标的具体表现形式,能够指明员工应该怎样去做,应该达到什么样的绩效水平,有效地引导员工开展工作。另外,绩效评价指标与绩效标准还是绩效评价的依据。

需要注意的一点是,绩效评价指标与绩效标准必须是组织管理者与员工共同确定的,不能仅由管理人员单方面决定,而必须要让员工也参与到制定过程中,这样才能使员工更容易接受这些绩效评价指标与绩效标准,同时,也能提高员工对绩效管理的认可程度和满意程度。

3. 绩效目标及其结果

在制订绩效计划时,要对企业的战略目标进行细化和具体化,形成一系列更为具体的目标,即企业的绩效目标、部门的绩效目标和个人的绩效目标。其中,企业的绩效目标是企业战略目标的细分,部门的绩效目标是在企业绩效目标的基础上进一步细分得来的,而个人的绩效目标则是对部门绩效目标的更进一步细分,三者是层层分解的关系。

在确定绩效目标以后,还必须告诉员工完成这个绩效目标以后的结果是怎样的,这一方面有助于员工明确工作目标,以免其工作发生偏差;另一方面则是能够给予员工一个美好的愿景,激励员工更加努力工作。

4. 实现绩效目标的时间约束

绩效计划中对于实现绩效目标的时间约束一般都是以一年为周期的,即员工必须在一年左右完成双方在绩效计划中约定的目标。如果员工没能如期完成任务、实现绩效目标,就说明要么是绩效目标的确定存在问题,要么就是员工没有努力工作,耽误了目标的实现。需要注意的是,员工实现绩效目标比约定时间大大提前也说明绩效计划存在问题,可能是绩效目标设定得太简单、没有挑战性。

5. 实现绩效目标可能遇到的问题与困难

员工在实际实现绩效目标的过程中,不可能是一帆风顺的,肯定会遇到一些难以解决的问题和难以克服的困难。因此,企业在进行绩效计划制定时,还必须要考虑到员工在实现绩效目标的过程中可能遇到的困难和障碍,这有助于提早给予员工必要的指导和帮助,让员工预先做好准备,更好地解决这些问题和克服这些困难,同时还能够防止意外事故的发生。

6. 实现绩效目标所需的支持与帮助

任何绩效目标的实现都需要一定的资源支持。因此,在进行绩效计划时,必须根据实现绩效目标的难易程度和可能遇到的困难与障碍等因素,确定员工在实现绩效目标的过程中所需要的资源,以及员工在遇到困难时渴望获得的支持与帮助。

7. 实现绩效目标所需的知识与技能

绩效计划中需明确员工必须具备什么样的知识和技能才能够如期实现绩效目标,这有助于让员工能够有意识地、有针对性地学习某种知识、掌握特定技能。例如,为了实现降低工伤事故发生频率这个绩效目标,员工必须学习和掌握操控相关设备的技能,以及在发生事故时如何应对等相关知识。

8. 双方在绩效计划中的权利、义务关系

绩效计划本质上就是组织与员工双方关于绩效的合同。企业要求员工必须达到预期绩效,并为员工提供必要的支持与帮助;而员工则向组织承诺实现预期绩效,并向组织索取报酬。因此,在进行绩效计划时,必须明确企业和员工双方的权利与义务,这样才能强化绩效责任意识,把企业的每一项工作都落实到位,使绩效目标能够预期实现。

除了上述内容以外,组织的绩效计划还可能包含其他的一些内容,此处不再赘述。组织在制订绩效计划时,必须把相关的内容都列入其中,不能出现遗漏,否则就会严重影响后续工作的效果。

3.1.1.3 绩效计划的作用

(1)保证组织、团队计划的贯彻实施。个人的工作计划要服从企业计划,同时,企业计划的实施依赖于员工个人工作计划的实施。因而员工个人绩效计划制订得好坏,直接关系到企业目标的实现。正如一场战役,如若没有统帅运筹帷幄的战略、司令员灵活应变的战术、士兵冲锋陷阵的英勇,就难以克敌制胜。这是绩效管理体系下,员工计划所具有的一项特殊的优势。各个层次的计划制订要充分吸取员工意见,使员工有完成工作目标的动力和成就感。

(2)提供对员工进行绩效评价和培训的依据。绩效计划包括员工的个人绩效指标和绩效目标的设计以及行动方案的拟订。其中,目标和行动方案是绩效评价的依据,绩效评价结果是企业提供培训时的参考依据。

(3)为员工提供努力的方向和目标。有了目标以及对自身情况的清醒认识,员工就可以结合组织的目标方案以及自身长处,与上级主管协商确定自己的工作了。制订计划时员工需要通盘考虑所处环境及自身情况,这样有利于员工发现自己的优势和不足,以及完成工作目标可能遇到的问题和困难,提高自己对工作目标的认识。此外,员工还需了解在工作时能够得到什么样的支持,企业能为自己提供哪些资源,以便与相关部门和人员进行交流,取得认同和支持。简而言之,对优势要运用和发展,对不足要回避或者改进,不断发展和完善自我。

员工在分析了自身优势与不足以及所处的环境之后,需将这些信息反馈给主管,这样便于主管了解情况,给予其适时的支持和引导,采取措施防范风险,对员工的薄弱环节进行着重帮助和指导。

3.1.2　绩效计划的制订

3.1.2.1　绩效计划制订的原则

不管是针对员工的绩效计划,还是企业的经营绩效计划,制订绩效计划的时候都应注意以下原则。

1.价值驱动原则

制订出的绩效计划应与追求股东回报最大化和提升企业价值的宗旨相一致,突出以价值创造为核心的企业文化。

2.突出重点原则

员工承担的工作职责越多,取得的相应的工作成果也就越多。但是在设定绩效目标和关键绩效评价指标的时候,无须面面俱到,应该把握重点,突出关键,选择那些与职位职责结合更紧密、与企业价值联系较大的绩效目标和绩效评价指标。

一般情况下,员工绩效计划中的工作目标不宜超过五个,关键绩效评价指标不宜多于六个,否则很容易导致员工的注意力分散,这样不利于实现最重要的绩效目标和绩效评价指标。

3.可行性原则

重要的绩效目标和绩效评价指标,必须是员工可以控制的,最好在员工权利和职责控制的范围之内,即与员工的权利和工作职责保持一致,否则很容易影响目标任务的实现。另外,绩效计划确定的目标要有一定难度,既有挑战性,又有实现的可能。如果目标太高,实现起来会很困难,激励性不足;而如果目标太低,则对公司的绩效成长不利。在制订绩效计划的整个过程之中,企业应充分吸收和借鉴先进的管理经验,然后结合公司的实际情况,将实行中出现的问题处理好,让绩效目标与关键绩效评价指标更符合实际,更具可操作性。

4.流程系统化原则

绩效计划要与战略规划、经营预算计划、人力资源管理、资本计划等管理程序密切联系,配套使用。

5. 一致原则

制订绩效计划的最终目的是保证公司年度生产经营目标和总体发展战略的实现,所以,在确定指标值和选择评价内容的时候,最好依据公司的发展目标,自上而下地逐层进行分解、设计和选择。

6. 全员参与原则

在制订绩效计划的过程中,应争取让企业的管理层、各级管理者和员工多方都积极参与进来。这种参与能够最大限度地暴露各方的潜在利益冲突,有利于通过一些政策性程序来尽快解决这些冲突,进而保证绩效计划制订得更加科学、合理。

7. 综合平衡原则

由于绩效计划是唯一的评价职位整体工作职责的手段,所以务必要通过合理分配绩效目标与关键绩效评价指标来完成效果评价的权重和内容,以便对职位的所有重要职责进行合理衡量。

8. 激励原则

企业应让考核结果和薪酬及其他非物质奖惩等激励机制更为紧密地联系起来,让绩效突出的员工和其他员工的薪酬比例的差距更加明显,做到奖勤罚懒、奖优罚劣、鞭策后进、激励先进,进而打破分配上的平均主义,营造出一种重视员工绩效的企业文化。

9. 客观公正原则

企业应保证绩效的透明性,绩效审核和沟通的过程应该是公平的、坦率的、跨越组织等级的,要客观、系统地对绩效进行评估。在设定那些工作性质和难度相差无几的员工的绩效标准时,要使其大体上保持相同,并确保评价过程公正,得出的评价结论准确无误,奖惩兑现也应讲求合理公平。

10. 职位特色原则

绩效计划有别于薪酬系统,其主要目的是针对每个职位设定的,而薪酬体系设计的时候要先将不同的职位划入有限的职级体系。所以,相近但又不同的职位,其特色就会从绩效评价系统中反映出来。这要求绩效计划无论是在目标的设定,还是在形式、内容的选择上,都要充分考虑不同部门、不同业务中相近的职位所具有的特色和共性。

3.1.2.2　绩效计划制定的步骤

绩效计划的制订分为准备、沟通和确定三个步骤。

1. 绩效计划的准备

绩效计划通常是通过管理人员与员工双向沟通的绩效计划会议得到的,那么为了使绩效计划会议取得预期的效果,事先必须准备好相应的信息。这些信息主要可以分为三种类型:

(1)关于企业的信息。为了使员工的绩效计划能够与企业的目标结合在一起,管理人员与员工将在绩效计划会议中就企业的战略目标、年度经营计划进行沟通,并确保双方对此没有任何异议。因此,在进行绩效计划会议之前,管理人员和员工都需要重新回顾企业的目标,保证在绩效计划会议之前均已熟悉了企业的目标。

(2)关于部门的信息。每个部门的目标是根据企业的整体目标逐渐分解而来的,不但经营的指标可以分解到生产、销售等业务部门,而且对于财务、人力资源部等业务支持性部门来说,其工作目标也与整个企业的经营目标紧密相连。例如,某企业的整体经营目标是:第一,将市场占有率扩展到60%;第二,在产品的特性上实现不断创新;第三,推行预算,降低管理成本。那么,人力资源部作为一个业务支持性部门,在上述的整体经营目标之下,就可以将自己部门的工作目标设定为:建立激励机制,鼓励开发新客户、创新技术、降低成本的行为;在人员招聘方面,注重在开拓性、创新精神和关注成本方面的核心胜任素质;提供开发客户、提高创造力、预算管理和成本控制方面的培训。

(3)关于个人的信息。关于被评价者个人的信息主要有两方面:一是工作描述的信息,二是上一个绩效期间的评价结果。在员工的工作描述中,通常规定了员工的主要工作职责,以工作职责为出发点设定绩效目标可以保证个人的绩效目标与职位的要求联系起来。同时,在设定绩效计划之前,需对工作描述进行回顾,重新思考职位存在的目的,并根据变化了的环境调整工作描述。

2. 绩效计划的沟通

绩效计划是双向沟通的过程,绩效计划的沟通阶段也是整个绩效计划的核心阶段。在这个阶段,管理人员与员工必须经过充分的交流,对员工在本次绩效期间内的绩效目标和计划达成共识。绩效计划会议是绩效计划制订过程中进行沟通的一种普遍方式。以下是绩效计划会议的程序化描述:

(1)选择适宜的沟通环境。管理人员和员工都应该确定一个专门的时间用于绩效计划的沟通,并且要保证在沟通的时候最好不要有其他事情打扰。在沟通的时候气氛要尽可能轻松,不要给对方太大压力,把焦点集中在开会的原因和应该取得的结果上。

(2)回顾有关的信息。在进行绩效计划会议时,首先往往需要回顾一下已经准备好的各种信息,在讨论具体的工作职责之前,管理人员和员工都应该知道公司的要求、发展方向以及对讨论具体工作职责有影响和有意义的其他信息,包括企业的经营计划信息、员工的工作描述和上一个绩效期间的评价结果等。

(3)绩效计划目标具体化。在对相关信息进行简短的回顾后,就应该尽快把绩效计划的目标具体化。目标就是对期待员工创造或达到的具体结果的描述。管理人员和员工在设定目标的时候要把注意力集中在结果上,而不是过程上,注意使每个目标尽可能具体,并将每个目标同工作或结果联系起来,明确规定出结果的时限和资源使用的限制,使每个目标简短、明确和直接。

(4)制定衡量的标准。绩效标准是评判员工是否成功达到目标的标准。绩效标准应该具体、客观、方便度量,在员工通过努力后可以达到。它通常回答这样一些问题,如什么时候、怎么样、有多少失误、让谁满意等。在制定绩效标准时会发现,如果绩效计划的目标设定得越具体,绩效标准就会与目标越相似,但是不能因此就想把目标定得过于具体,要保持目标的灵活性。在不了解计划中的任务的具体要求时,目标要先尽量做得灵活些,然后在工作中按目标指引的方向去做,随着了解的加深再不断加以精确化。

(5)讨论计划实施可能面临的困难和需要提供的帮助。当管理人员和员工制定了绩效标准之后,还需要了解员工在完成计划和达到标准过程中可能遇到的困难、障碍和问题,应尽可能预防计划执行过程中可能出现的各种问题,而不是等问题出现后再来解决。

(6)讨论重要性级别和授权问题。要明确每项任务或计划目标的重要性级别,如可将它们分为必须级、重要级和一般级。管理人员和员工必须就哪些计划目标重要和哪些次要的问题达成一致,这样员工就可以根据具体情况自主分配时间,而不必事事请示上级。设置重要性级别的过程相对简单,但要注意,管理人员和员工要共同参与,以便其理解一致并保证重要性级别能正确反映企业的需要。同时,还要讨论授权的问题。员工需要知道何时可以自己做决定,何时必须请示上级。对于每一个绩效目标,都需要讨论清楚员工拥有的决策权力,如完全授权、先执行后报告或请示等。当然,在决定授权水平的时候,需要参考员工的能力和过去的表现、问题的重要性和性质、员工开展工作需要什么权力、管理人员需要什么信息等方面的因素。同样,在授权问题上,员工和管理人员双方也必须达成一致。

(7)结束会议。当绩效计划会议所有的议题都圆满解决之后,要注意结束会议也是非常重要的。这时管理人员需要感谢员工的参与,再次说明会议的重要性和作用,对会议的重点进行简单的总结,同时安排制作相关文档和计划解决遗留问题的后续步骤。有时,在绩效计划会议之后还要有一个后续会议,如需同其他员工进行沟通协调,或是在绩效计划会议之后,受初次沟通的启发后,也许会出现一些新的想法或新的问题,这时就必须通过后续的会议来解决。

3.绩效计划的审定和确认

在制订绩效计划的过程中,对计划的审定和确认是最后一个步骤。在这个过程中要注意以下两点:

(1)在绩效计划过程结束时,管理人员和员工应该能以同样的答案回答相同的问题,以确认双方是否达成了共识。这些问题具体如下:

员工在本绩效期内的工作职责是什么?员工在本绩效期内所要完成的工作目标是什么?如何判断员工的工作目标完成得怎么样?员工应该在什么时候完成这些工作目标?各项工作职责以及工作目标的权重如何?员工的工作绩效好坏对整个企业或特定的部门有什么影响?员工在开展工作时可以拥有哪些权力及可以得到哪些资源?员工在达到目标的过程中会遇到哪些困难和障碍?管理人员会为员工提供哪些支持和帮助?员工在绩效期内会得到哪些培训?员工在完成工作的过程中,如何去获得有关他们工作情况的信息?在绩效期间内,管理人员将如何与员工进行沟通?

为什么一定要员工和管理人员对这些问题达成一致的意见?因为绩效计划的主要目的就是让企业中不同层次的人员对企业的目标达成一致的见解。绩效计划可以帮助企业、部门和个人朝着一个共同的目标努力,所以管理人员和员工是否能对绩效计划达成共识是问题的关键。如果所有的管理人员与员工的意见都能达成共识,企业的整体目标与全体员工的努力方向就会取得一致,这样才能在全体员工的一致努力下,共同达成企业的目标。

(2)当绩效计划结束时,应达到以下结果:员工的工作目标与企业的总体目标紧密相连,并且员工清楚地知道自己的工作目标与企业的整体目标之间的关系;员工的工作职责和描述已经按照现有的企业环境进行了修改,可以反映本绩效期内主要的工作内容;管理人员和员工对员工的主要工作任务,各项工作任务的重要程度,完成任务的标准,员工在完成任务过程中享有的权限等都已经达成了共识;管理人员和员工都十分清楚在完成工作目标的过程中可能遇到的困难和障碍,并且还要明确管理人员所能提供的支持和帮助;形成了一个经过双方协商讨论的文档,该文档中包括员工的工作目标、实现工作目标的主要工作结果、衡量工作结果的指标和标准及各项工作所占的权重等内容,最后管理人员和员工双方要在该文档上签字确认。

3.2　绩效评价的组织与实施

3.2.1　评价方案的设计

3.2.1.1　定义绩效评价内容与选择评价方法

依据组织目标以及人力资源管理对绩效评价提出的要求,在定义了绩效、明确了绩效评价的目标、制定了评价标准后,也就明确了工作绩效的内容,即绩效评价的内容。

多种评价方法各有优缺点,也各有适用的对象。在明确了绩效评价内容以后,就可以根据组织的实际情况和评价要求,慎重选择某种方法或将几种方法重新加以组合设计。

3.2.1.2　设定评价间隔时间

评价间隔时间的设定因工作性质而异。若间隔时间太短,投入大量的人力、物力、财力易得出价值不大的评价结果,如对流水线操作工每天进行绩效评价就没有必要;若间隔时间太长,一则失去了绩效评价对工作的检查作用,二则不能让员工对自己的工作获得及时的反馈信息,影响对其工作行为的修正。

不同的工作应设定不同的评价间隔时间。一般的评价间隔时间为六个月至一年,对大多数工作,如熟练的流水线操作或组织中常规工作的管理人员,该评价间隔期是比较合理的。但对于项目研制工作而言,一般应在项目结束后就进行绩效评价,或者在期中增加一次评价。

因评价目的的不同,间隔时间也应有所不同。若是为了更好地沟通上下级意图,提高工作效率,则间隔时间应适当短一些;若是为了人事调动或晋升,则应观察一个相对较长时期内的员工工作绩效,以免为某些员工投机取巧的行为所蒙蔽。对于培训期的员工,绩效评价的间隔时间设定应比较短,以使员工及时获得反馈和指导。

3.2.1.3 确定评价人员

由谁来评价,关系到评价结果的信度和效度,也是维护评价的公正性和权威性的一个决定性因素。随着人力资源管理的发展,客观的考评需要从不同方面获得评价信息。于是评价者就扩展到既可以是被评价者,也可以是其同级和下级,甚至可以是被评价者本人以及顾客,直至发展到360度全方位的评价。但无论是何种评价主体,至少应满足如下条件:对被评价者的工作情况有足够的了解;理解评价的重要意义,能够较为准确地把握绩效评价标准,在评价中对事不对人;能够努力避免知觉上的种种差错,如晕轮效应、大众效应、刻板效应等;事前与事后能够与被评价者进行主动沟通。

事实上,与员工有工作接触的人都有可能成为评价者,他们包括如下类型。

(1)直接上级。一般认为,直接上级最了解被评价者的职务性质、工作内容及绩效要求,也熟悉被评价者的工作表现,可以通过多种机会考察其工作能力和工作态度。因此上级评价是比较全面、比较权威的。又因为被评价者的工作目标主要是在与直接上级进行沟通之后设立的,因此员工的直接上级最有责任和权力对评价者的目标达成情况进行评价。可见,直接上级评价是实现管理职能的重要途径,员工直接上级是最常见的评价者。

但是,由于人际间存在的偏见、冲突、友情等原因,上级的评价并不能作为唯一的绩效评价结果。为了弥补这一不足,许多组织在上级评价之外,还要求上级的上级进行审核,另外还建立有被评价者的申诉制度。

多上级的矩阵式评价也能弥补单一上级评价的缺陷。一些企业常常进行跨部门的矩阵式合作,于是一些员工会与很多上级一起共事。所谓多上级的矩阵式绩效评价方式,即每位项目或部门上级在专案结束之后,要求所有相关的上级都要对该员工的绩效进行评价。

(2)同级评价。同级包括本部门的同事和其他接触密切的部门的同事。一般而言,员工的同事能够观察到上级无法观察到的某些方面。特别是在员工的工作场所与上级分离或者工作内容经常变动时,同事就成了一个重要的评价源。此外,在以工作团队为主的组织中,同事的评价也显得尤为重要。

同级评价方式在评价准确度上并不会比上级的评价效果差,而且还可以弥补上级对下属评价的缺陷。而评价的结果,亦可让下属了解在同事眼中,自己在团队合作、人际关系上的表现如何。另外,如果将绩效评价的结果用于提拔人才,同级评价这种方式往往能达到使众人信服的效果。在国外一些强调工作团队的组织中,不仅员工的绩效完全由同事的评价来决定,而且晋升和薪酬政策都由工作团队来决定。

不过,当同事间因工作性质存在竞争时,同级考评的公正性和有效性就会比较低。另外,当在管理人员之间使用同级考评时,应将考评内容限定在评价协作意识和协调能力方面。

过度依赖同事评价也可能带来消极的后果。安然公司倒闭的原因之一就是其绩效评价中同事评价所占的比例过高,彼此之间相互压制和怀疑,导致同事之间协作团结的关系被破坏。

(3)客户评价。对于被评价者绩效的某些方面,上级主管可能并不是最了解的人,而被评价者的客户或其他与之打交道的人却更了解他们的绩效情况。客户评价经常用于服务、销售等需要直接与外界客户打交道的部门。通过客户评价的方法了解被评价者的绩效,常常采用问卷调查、客户访谈等形式进行,同时客户的投诉、赞扬等也是评价信息的一部分。随着第三产业的发展,对于服务性的工作绩效来说,顾客评价已经成为重要的评价信息来源。除此之外,随着企业中"内部市场"概念的运用,"内部客户"也同时出现。所以,在企业内部收集来自内部客户的评价信息将更有益于保证绩效评价的科学、合理性。

客户评价的弊端在于:①难以操作。由于每个员工接触的客户可能是复杂的,不同客户的评价标准又有所不同,故对企业员工来说,客户评价较难设计评价标准。②费时费力。由于客户不是组织内部人员,不能用行政命令规定其限时完成评价任务,要说服客户配合本企业的绩效评价活动,无疑是一项费时费力的工作。

(4)下属评价。下属评价用于管理人员,即由被评价的管理人员的直接下属或间接下属对其进行评价。下属评价上级的绩效过程,称为"向上反馈"。这种方式评价的内容,主要集中在管理干部的带头作用、管理作风,对下级的指导、帮助、培训以及激励下级、与下级进行沟通等方面。

这种绩效评价的方式对管理者的潜能开发特别有价值。管理者可以通过下属的反馈,清楚地知道自己管理能力的欠缺之处。若管理者自评与下属评价之间有较大落差,则要深入了解其中原因。因此,一些人力资源管理专家认为,下属对上级的评价,会对其管理才能的发展有很大的裨益。

(5)自我评价。自我评价就是常说的自我鉴定,其用于管理者时也常称为"述职报告",即让被评价者有机会陈述自己对其工作绩效的看法。自我评价能使被评价者感到受重视,满意感增强,同时减少其对其他评价的抵触。

让自评者通过自评为自己设定未来目标,有利于工作的自觉改进。当员工对自己做评价时,通常会降低自我防卫意识,愿意反省自己的不足,进而可能加强自己尚待开发的方面或完善不足之处。

一般来说,员工自我评价结果通常会与上级对其的评价有出入,常会给予自己较高的评价。由于可能形成双方立场对立、僵持,在使用自评方法之前应有充分心理准备。因此,自评主要适用于制订个人发展计划和培训方面,而不适合人事决策。在实际应用的过程中,专家们建议将自我评价的内容进一步扩展到请员工对其工作环境(人、事、政策等)进行评价,并使自我评价的内容标准化、程序化。

以上五类评价者形成了360度评价方案的主体,使评价信息的来源更全面、更详细、更具体。因此,近年来,许多企业开始建立 360 度绩效评价系统。通过这种全方位的绩效评价,被评价者不仅可以从自己、上级、下属、同事甚至顾客处获得多种角度的评价,也可通过反馈清楚地知道自己的不足、长处与发展需求。同时,各类信息之间能够互相补充、互相验证,从而保证绩效考评的可行性和有效性。实践证明,360 度绩效评价系统只有在那些民主、开放、员工积极参与的企业中才能获得应有的效果。

(6)工作绩效评价委员会的评价。许多组织设立工作绩效评价委员会来对员工的工作绩效进行评价。这些委员会通常是由员工的直接上级人员和 3~4 位其他方面的上级人员共同组成的。

通过多个评价者进行工作绩效评价有许多优点。尽管不同的评价人可能会因为各种偏差而得出不确切的结论,但多人评价所得出的综合性结果却很可能会比单人评价所得出的结论更可信、公正、合理、有效。多位评价人的共同结论也有助于消除单人评价时容易导致的个人偏好、晕轮效应等问题。此外,当评价者们在评价等级上出现分歧的时候,这种分歧常常是因为不同层次上的评价者是从不同的侧面来对员工的工作绩效进行评价的结果,而工作绩效评价恰恰需要反映出这些差别。

3.2.1.4 制定评价程序

一个设计科学、合理的绩效评价方案,需要一个清晰明确的操作程序来保证其得以顺利实施。评价程序是实施评价活动时的操作指南,因此,一定要保证其周密、细致、前后衔接紧密,避免出现中断和前后矛盾。

3.2.2 绩效评价的实施

3.2.2.1 各部门在绩效评价实施中的职责

绩效评价是各级管理者的主要职责之一,各级管理者都应积极地参与绩效评价工作,才能保证这项工作的顺利开展。"以人为中心"的管理思想要求各级管理者把绩效评价作为自己管理工作的重要组成部分。因此,应首先从观念上明确绩效评价是各级管理者的主要职责,否则,就难以将绩效评价组织好。此外,管理人员通常是直接进行工作绩效评价的人,他们必须熟悉工作绩效评价技术,并且能够理解并设法避免在绩效评价过程中可能出现的问题,公正地进行绩效评价。如果组织中存在着上级对下级进行的评价,那么,应当由评价者的直接上级对评价的结果进行再审查。

1. 人力资源管理部门对绩效评价的职责

(1)人力资源管理部门在工作绩效评价中所扮演的是政策制定者和参谋的角色。具体活动内容有:设计、试用、改进和完善绩效评价方案;及时收集评价实施中的各类信息并进行分析、整理,以利于今后改进。据调查,大约80%的企业认为人力资源管理部门起到的主要是建议和协助的作用,他们只建议使用何种工作绩效评价方法,至于与绩效评价程序有关的问题则留给经营部门的主管人员自己去作决定,而其他被调查的企业部门都要按照自己的要求去进行工作绩效评价。

(2)人力资源管理部门负有对主管人员进行培训,以提高他们的工作绩效评价技能的责任。具体活动内容有:组织宣传评价方案的内容、目的和要求,并对评价者进行培训。

(3)人力资源管理部门要监督本组织的工作绩效评价体系的运行。具体活动内容有:督促、检查、协助各部门按计划实施绩效评价并负责所有评价资料的档案管理。尤其要注意确保组织的工作绩效评价形式和评价标准符合国家相关法规,还要设法使组织的绩效评价系统不落后于时代。

(4)人力资源管理部还需根据评价结果和现有的人力资源政策,向决策部门提供人事决策的依据,并有责任提出决定建议。

2. 非人力资源管理部门对绩效评价的职责

在绩效评价工作中,非人力资源管理部门的主要职责有:负责组织实施在本部门进行的评价工作;审核本部门员工的评价结果,并对最终评价结果负责;协调、解决本部门员工在评价中出现的各类问题,并向下属员工解释评价方案;有责任向人力资源管理部门反馈本部门员工对评价及其内容的看法及意见；根据评价结果和现有的人力资源政策，做出职权范围之内的人事决策。

3. 高层领导对绩效评价的职责

高层领导需从企业发展战略、企业文化所倡导的目标出发，对绩效评价的内容、方法和评价方案的确定、选择和设计给予指导，使绩效评价与企业发展要求一致；制定与绩效评价结果相关联的政策以及相关的人力资源政策，以保证绩效评价能够成为有效改善人力资源利用状况的手段之一；从行政上为绩效评价工作顺利开展提供支持。

3.2.2.2　绩效评价实施中应注意的问题

在绩效评价的实施中，除了要保证按照评价方案中的操作程序按部就班地进行，还要特别注意下面的培训评价者和信息搜集两方面的问题。

1. 培训评价者方面的问题

评价者依据一定的维度和标准对别人进行评价和打分，需要具备一定的评价能力，而且不同的评价者在理解力、观察力、判断力以及个性倾向方面都存在着一定的差异。因此，对评价者进行全面培训，对于减少评价误差、提高评价信度与效度是至关重要的。

培训内容主要包括：

（1）讲解评价内容及评价标准。向所有评价者讲解绩效评价的内容和维度分解的根据以及每个评价标准的具体含义。

（2）列举典型的评价错误。培训者列举典型错误，如过宽、过严、趋中、晕轮等，然后组织评价者进行分析，从中吸取教训，避免在以后的评价中再出现这类错误。

（3）提高评价者的观察力和判断力。在进行绩效考评时，评价者总是依据自己对被评价者日常行为及工作表现的观察进行判断和评价。培训将通过讲解和各类模拟练习来提高评价者观察被评价者行为表现的能力以及依据有关信息进行判断的能力。

（4）提高评价者对评价的重视和投入程度。研究表明，对评价不够重视的人也是出现评价错误最多的人。他们忽视评价责任或者怀疑评价结果的有用性，评价不认真、不投入，应付了事。所以，通过培训改善评价者的评价责任心是保证绩效评价结果有效性的重要基础条件。

2. 信息搜集方面的问题

绩效评价中的信息搜集，是指根据绩效评价要求，采用一定的方式方法，获得评价期内与员工的行为特征和工作成果有关的信息的活动。这是绩效评价的基础工作。若不注重这一基础工作，评价就失去了客观事实的依据。针对绩效评价进行信息收集的方法很多，都是明确而易观察且对绩效好坏有直接关联的。事件收集到手并加以整理后，需填在特殊设计的评价表上，并用标题将资料加以分类。

在收集评价"关键事件"信息时，管理者可以从工作表现的记录来获取这方面的资料，例如生产产品质量、工作中的努力程度、是否按时完工、是否安全操作、预算成本和实际成本的比较、出勤情况以及顾客同事或该员工的服务对象等。如果企业实行项目小组制度且有该员工的参与，则与小组负责人联络，方式上应力求客观。

简言之，资料的来源越多越好，但应慎加选取，以保持其客观性，所以资料应再加以分析并以绩效标准对其进行修正，以获得较正确的评价结果。但是，不是所有的企业都能够通过收集"关键事件"信息来开展绩效评价工作的，如有些企业往往是在年中、年末进行集中评价，采用360度评价活动的评价信息。在这类集中获得信息进行评价工作的过程中，应该有计划地集中获取信息。

绩效评价是一项涉及面很广的工作，在采用这种方法实施评价时，组织中的每一个人都有评价任务，都要填表、打分、自评、评人。要想保证全体员工都能认真对待评价工作，就必须事先充分做好计划和宣传，确定具体时间和地点，并由专人负责组织实施。许多企业经常采取"考评周"的形式来实施评价工作。这些企业在认真计划和准备的基础上，专门用一个星期的时间集中进行各层次的绩效评价。在这个星期内，上至高层领导,下至一线员工,都把评价作为一件重要的事情来做。这种氛围有利于取得良好的评价效果。

3.3　绩效评价结果的应用

3.3.1　绩效评价结果的应用原则

3.3.1.1　以人为本,促进员工发展

绩效评价的根本目的在于调动员工的工作积极性,促使员工改进和提高绩效水平,进而提高企业整体绩效水平,实现企业目标。为此,评价者必须向员工个人反馈评价的结果,让员工明确掌握已达到或未达到预定目标的反馈信息,了解自己绩效的不足。只有这样,员工才能更加清楚自己的努力方向和改进工作的具体方式,从而实现更好的发展。绩效评价结果的反馈要坚持"以人为本",以诚恳、坦诚的方式与员工沟通,尽可能采取让员工乐于接受的方式。

3.3.1.2　员工成长与企业发展相结合

企业的发展离不开员工个人的成长。企业不能单方面要求员工修正自己的行为和价值观等来适应企业发展的需要,企业应当参与到员工的职业生涯规划和管理中,将员工成长与发展纳入其管理范围,从而实现企业与个人的共同成长。因此,绩效评价结果的应用要有助于增强员工的全局观念和集体意识,使员工意识到个体的高绩效与企业的高绩效密切相关,个人的目标及成长与企业的目标与成长是联系在一起的,个人在为企业目标的实现做出贡献的同时,自己也在企业发展中实现了成长与发展。

3.3.1.3　统筹兼顾,综合应用

员工的绩效评价结果可为企业对员工的合理任用、培养、调整、薪酬发放、职务晋升、奖励惩罚等提供客观依据,从而规范和强化员工的职责

和行为,促进企业人力资源开发与管理工作,完善员工的竞争、激励和淘汰机制。从企业和员工发展视角考虑,绩效评价结果的应用要坚持统筹兼顾,综合应用。企业中的人力资源开发与管理是一个系统工程,只重视绩效评价结果在员工管理某一方面的应用,无法从根本上促进员工和企业的共同成长与发展,因此,必须系统考虑绩效评价结果对企业人力资源开发与管理工作的影响和作用,综合应用于企业发展的各个方面和人力资源管理系统的各个环节。

3.3.2 绩效评价结果的具体应用

3.3.2.1 用于员工薪酬奖金的分配及调整

绩效评价结果用于员工薪酬奖金的分配及调整,是绩效评价结果最主要的一种用途。在大多数企业中,把员工的绩效评价结果与其报酬挂钩也是一项普遍的人力资源管理策略。相关研究表明,尽管影响员工绩效的因素有很多,但报酬仍然是最重要的因素之一。将绩效评价结果与报酬联系起来,建立一种付出与回报之间的条件关系,能够增强员工对工作的投入程度,大幅度提高员工的绩效。同时,绩效评价结果与薪酬奖金的联系也提高了物质利益分配的客观性和逻辑性。薪酬奖金的增减,是企业对绩效水平最真实的反馈。

绩效评价结果中,目标可量化的部分更多地与奖金挂钩,实现企业对员工的承诺,而有关行为或技能部分的评价结果则更多地与薪酬联系在一起。绩效评价结果与薪酬挂钩体现了企业对员工的长期激励,而绩效结果用于奖金的分配则体现了企业对员工的短期激励。因具体职位不同,绩效评价结果与薪酬奖金联系的紧密程度及其在总薪酬中所占的比例也会有所不同。

3.3.2.2 用于员工的招募与甄选

绩效评价结果是企业做出招募计划的主要依据。绩效评价结果可以暴露企业内的员工是否满足企业所需的职位技能,当员工不能满足职位需要而又无法在短期内通过培训解决或是员工数量不足以完成工作任务时,企业就应当考虑通过招聘来替换原有职位的人员或填补职位空缺。另外,在研究招募与甄选效度时,通常选择绩效评价结果作为员工实际绩效水平的替代,在人员招募和甄选过程中担当重要的"效标"作用,即如果选拔是有效的,那么选拔时表现很好的人员实际的绩效评价结果也应该很好;反之,则有两种可能,要么是选拔没有效度,要么评价结果不准确。

3.3.2.3　用于员工职务的晋升调配

员工的历史绩效记录为员工的职务晋升和人员调配提供了基础依据。人员调配不仅包括纵向的升迁或降职,还包括横向的工作轮换。通过分析员工历史绩效记录,可以发现员工工作表现与其职位的适应性问题,查找出原因并及时进行职位调配。如果员工在某方面的绩效突出,则可以让他在这方面承担更多的责任或得到晋升;如果员工在某方面的绩效表现不佳,则可以通过职位的调整,使其从事更加适合的工作。

3.3.2.4　用于员工培训与开发的决策

员工培训与开发是企业通过培训和开发项目提高员工能力和企业绩效的一种有计划的、连续性的工作。通常情况下,培训的主要目的是让员工获得目前工作所需的知识和能力,帮助员工更好地完成当前工作,而开发的主要目的则是让员工获得未来工作所需的知识和能力。通过对绩效评价结果的分析,可以及时发现员工与企业要求的差距,帮助培训部门有的放矢地做好下一步的培训计划,开展有针对性的培训,即做到"缺什么,补什么",以提升员工队伍的整体素质。

3.3.2.5　用于员工个人发展计划的制订

个人发展计划是指根据员工有待提高的方面所制定的一定时期内完成的有关工作绩效和工作能力提高的系统计划。绩效评价结果反馈给员工个人,揭示出员工工作的优势和不足,使得员工改进工作有了依据和目标。在企业目标的指导下,员工可以据此制订个人的发展计划,不断提高自身工作能力,开发自身潜能,改进和优化工作,这不仅有助于员工实现个人职业目标,也有助于员工个人职业生涯的发展,同时还可以实现员工发展与企业发展的有机结合,为企业创造一个高效率的工作环境。

3.3.2.6 用于绩效计划的修订

把绩效评价结果运用于绩效计划修订,对绩效评价内容进行优化,主要从工作任务和关键绩效指标等方面入手;对绩效进行目标化管理,主要从关键绩效指标的设置和绩效目标的完成结果上入手;对绩效指导和优化的机制进行修改,针对绩效评价具体办法进行理论和实践分析,对其中不必要的要素进行删除。

除此之外,绩效评价结果还有其他应用,如开发员工潜能,为组织人力资源规划提供决策支持,为人员选拔录用和员工培训效果评估发挥重要的效标作用等。

绩效管理是永无止境的。能源企业在发展的过程中也要随着不同阶段、不同的形势调整企业绩效管理,才能发挥其激励作用。

第4章 能源企业全员
绩效评价现状

我国现有的绩效管理体系无法跟上企业快速发展的步伐,需要寻求更加灵活、敏捷与及时反馈的业务运营方式。能源企业由于自身固有属性等原因,其绩效评价未能有效支撑企业战略目标和企业价值的实现。本章在对能源企业进行概述的基础之上,研究了能源企业全员绩效评价现状。

4.1 能源企业概况

4.1.1 能源

能源包括煤炭、石油、天然气、煤层气、核能、太阳能、水能、生物质能、地热能、海洋能和电力、热力以及其他直接或者通过加工、转换而取得的有用的各种资源。

作为现代经济社会发展的先决条件,人类能源的开发和利用早于工业革命,贯穿于整个人类发展史,尤其是在现代文明社会,能源的开发和利用关系到国计民生的各个方面。不论现代农业和工业的增长,还是战略性新兴产业和现代服务业的兴起,都需要以能源作为支撑,才能获得更大的发展空间。

能源分一次能源和二次能源。目前,在能源企业的努力下,我国一次能源生产总量居世界前列:煤炭、天然气产量有所增长,石油产量比较稳定;新能源和可再生能源迅猛发展,水电、风电、太阳能热利用等都在不断发展。节能环保成效显著。能源国际合作取得新突破，与许多国家和地区开展了能源资源勘探开发合作，西北、东北、西南及海上四大油气进口战略通道基本形成。能源装备制造水平显著提高，千万吨煤炭综采设备、3000 米深水钻井平台、百万千瓦超超临界机组、特高压输电技术等居世界领先水平。能源普遍服务水平大幅提升，居民生活用能条件得到极大改善，农村电网全面升级改造，解决了几千万人口的用电问题。

4.1.2 能源企业

4.1.2.1 能源企业的含义及分类

能源企业是指以营利为目的依法自主经营、自负盈亏、独立核算，以能源开发、加工转换、仓储输送、配售、贸易和服务等为主营业务的企业。能源企业是具体从事能源事业的主体，能源的开发、建设、生产、储运、供应、配售和服务是靠能源企业来实现的，没有能源企业，就没有现代能源产品的供应与使用。随着我国经济的迅猛发展，我国能源企业也发展迅速，出现了多种组织形式、多种所有制形式的企业类型，对社会经济平稳、快速发展发挥了重要的支撑作用。

按照不同的标准，能源企业可划分的不同种类：

（1）按照从事的主营业务，能源企业可分为能源开发建设企业，能源生产、加工转换企业，能源储备、库存（仓储）企业，能源输送企业，能源配售企业，能源营销、贸易企业，能源服务企业等。

（2）按照企业的性质，能源企业可分为国营能源企业、民营能源企业、集体能源企业，国内能源企业、国际能源企业，中外合作和中外合资能源经营企业，有限能源企业、股份能源企业等。

（3）按照企业规模，能源企业可分为大型能源企业、中型能源企业、小型能源企业等。

（4）按照企业人格条件，能源企业可分为具有法人资格的能源企业和不具有法人资格的能源企业。

4.1.2.2　能源企业的作用与责任

1. 能源企业的作用

能源企业是能源发展的基本细胞,是保证国家能源发展与国家能源安全的核心力量,是进行能源开发、生产、经营、供应、销售,保证社会能源供给的必要组织形式,是能源商品经营的主要实体。无论是以资本经营为主的企业,还是以能源开发为主的企业,或是以能源生产加工转换为主的企业,或是以能源仓储为主的企业,或是以能源输送为主的企业,或是以能源配售、贸易为主的企业,或是以能源服务为主的企业,都是国家能源战略的实施者,关系到国家的经济命脉。

2. 能源企业的责任

具体来讲,能源企业具有以下责任:

(1)所有能源企业都必须依法、依规划开采能源资源,不得进行破坏性开采。

(2)未经批准不得擅自从事能源开发、加工转换及能源供应与服务活动。

(3)不得违法处理能源废料、废物。

(4)必须按照国家规定和批准进出口能源产品、技术或设备,必须履行能源储备与应急义务,不得违法占用基本农田发展生物质能源产业。

(5)必须依法经营能源产品、商品,服从监管,不得破坏能源市场竞争秩序。

(6)要承担社会责任,按国家规定价格,不歧视地向用能单位与个人提供合格的能源;配合能源行政主管机关履行监督检查职责,不得提供虚假信息或者隐瞒含重要事实的报表、报告等文件。

4.2 我国能源企业全员绩效评价现状

4.2.1 我国能源企业全员绩效评价中存在的问题

各能源企业的全员绩效评价会因企业本身存在的一些具体问题而有所不同,以下主要以石油企业和煤炭企业为例介绍能源企业全员绩效评价中存在的问题。

4.2.1.1 石油企业绩效评价中存在的问题

1. 考核定位不清

现代的绩效管理是从组织核心竞争力出发,以提高组织的综合能力为目的,以绩效评价为手段,实现组织与员工利益的共享和双赢。完整的绩效管理过程包括绩效目标的确定、绩效的产生及绩效的评价。要做好绩效评价,必须先做好评价定位。评价定位回答的是通过绩效评价要解决什么、绩效评价工作的管理目标是什么等问题,评价定位将直接影响评价的实施效果。近年来,我国石油企业对绩效评价非常重视,但是由于缺乏明确的评价目的,评价不仅流于形式,还耗费了大量的时间和人力、物力。

除此之外,大多数企业都将评价定位于确定薪酬、奖金分配的依据和工具,这在产生一定激励作用的同时,也易使员工对绩效评价产生抵触情绪。因此,只有将绩效评价作为绩效管理过程的一个环节来看待,才能对其进行正确的定位。

2. 绩效评价指标设置不科学

我国石油企业在绩效考核指标的设置上通常采用"德、能、勤、绩"综合评定的方法,定性与定量指标相结合,但是这种评价指标的设定往往缺乏科学性。在设置科学合理的绩效评价指标时,应该囊括员工的任务绩效和周边绩效:与员工工作成果直接相关的绩效指标称为任务绩效,对工作结果造成影响的因素称为周边绩效。对任务绩效的评价通常采用质量、数量、时效、成本、他人的反映等指标;对周边绩效的评价通常采用行为性的描述,这样就使绩效评价指标形成了一套体系,同时也更具可操作性。然而,目前我国石油企业对任务绩效评价一般都是仅从经营指标去衡量,过于单一化;对周边绩效评价一般采用定性指标,主观性较强,难以做到客观公正。

3. 评价方法选择不当

绩效评价方法的选择直接影响评价的结果。在需要进行绩效评价的部门较多,又没有专职评价人员的情况下,多数石油企业往往选择的评价方法是:首先对单位或部门提出优秀率和基本合格率的要求,然后将评价任务下放,由单位和部门对员工进行评价,再将评价结果上报汇总;或者发评价表,由员工互相打分,再按相关优秀率和基本合格率要求对号入座。这种做法可能会导致员工对绩效评价的反感,难以保证评价结果的真实性。

4. 流程不明确,可操作性低

绩效评价不应成为无原则的"和稀泥"式的"每人都好"。评价不是为了制造员工间的差距,而是实事求是地发现员工工作中的优缺点,扬长避短,促使员工不断提高自己的工作能力。绩效评价要以尊重员工的价值创造为主旨,它虽是按行政职能结构形成的一种纵向延伸的评价体系,但它也应是一种双向的交互过程,这一过程包含了评价者与被评价者的工作沟通。

5. 评价结果使用不够

绩效评价结果的使用直接影响到评价目的的实现和员工对绩效评价的看法。评价结束后,应该及时与员工进行面谈,肯定员工对企业做出的贡献,共同制定今后工作改进的方案。评价结果应该在适当的范围内有选择地公布并接受员工监督,这样也有利于员工客观定位,找准改进方向。通过绩效评价,鼓励员工不断进取,从而实现组织绩效的有效提升。

4.2.1.2 煤炭企业绩效评价中存在的问题

我国富煤、贫油、少气的能源结构，决定了煤炭在我国能源消费中的重要地位。近年来，我国煤炭行业呈现出供大于求的态势，煤炭的消费总量及价格持续下降，整个煤炭行业的发展遇到了前所未有的困境。当前煤炭企业绩效评价存在的主要问题，具体表现在以下方面：

（1）不重视非财务指标在企业绩效管理中的作用。由于企业的非财务指标大多难以量化，含义笼统不清晰，因此，非财务指标在企业绩效评价管理体系中所占的比例较小。然而，企业社会责任、员工技能水平、资源可持续利用水平、科技创新能力等非财务指标，都对煤炭企业的发展有着不可或缺的重要影响。

（2）绩效评价指标模糊或不合理。有的企业内部制定的绩效评价指标过于烦琐，不好操作，员工也疲于应付；有的企业指标定得过于粗糙，没有与实际的工作目标相结合，使得绩效评价成了"大锅饭"，评价与不评价没有区别；还有的企业制定的评价指标模糊，对员工的绩效评分比较主观，导致员工对评价结果的不认同。上述问题均会导致评价成了"走形式"，没有发挥其应有的激励作用。

（3）忽视投入与产出平衡，片面追求经济利益。企业经营成果的最终表现形式是利润，而对企业的经营利润进行衡量，就必须要有客观全面的财务数据的支持，如果缺乏数据支持，利润的计算是不真实的，也就失去了意义。但是，单纯以利润为核心的绩效评价方法，也无法全面真实地反映煤炭企业的经营活动绩效。

（4）缺乏动态分析，偏重静态指标评价。企业的经营状况指标是企业绩效评价的根本要素，因此，指标体系的选取应该具有代表性，能够对煤炭企业的经营绩效有全面的反映。当前，集团内部企业的绩效管理指标体系大多选取那些财务报表上公布的数据指标，由于指标之间的关联性较强，造成了评价指标的片面和单一。而面对日益复杂的市场竞争条件，企业发展面临的不确定性因素日益增多，单纯依赖静态指标的评价体系无法全面地反映企业的动态变化。

（5）缺少绩效反馈。绩效管理最终目的是发现问题，分析问题，然后实施改进,提高员工和企业的绩效,提高企业的竞争力。但部分企业内部往往将评价结果作为最终目的,员工不知道考核的结果反映出的实际问题,也就无从改进,失去了绩效管理的真正意义。

4.2.2 能源企业全员绩效评价的建议

4.2.2.1 加强与员工的沟通和交流

企业任何一项政策和规定的顺利执行,都需要企业员工的理解、支持和参与。在绩效管理体系构建的前期准备、内容制定和运行过程中,都需要加强与员工的沟通。在准备阶段,需要与企业的管理者和员工进行充分和必要的沟通,调查他们对于绩效管理的要求和意见;而在绩效评价指标的具体设定中,需要采用集体讨论的方式,使管理者或者基层部门都对指标有一个更为清晰的认识,并在沟通过程中加强对企业战略目标和绩效目标的认识,这样才更有利于企业的绩效评价。

4.2.2.2 加强全员绩效评价的反馈和改进

绩效评价体系的制定并不是一个体系的完结,而需要在实践中运行,并接受检验。绩效反馈是其中的重要内容。绩效评价体系的科学性和完善性都需要经过实践的检验才能认定,通过反馈才能更好地分析和总结。在实现企业战略目标的过程中,可以更好地发现绩效评价存在的问题和不足,积极探索和思考新的方法和内容,解决各种问题,并进一步优化和完善,有利于形成更科学、更合理的绩效评价体系。

4.2.2.3 坚持公平原则

在绩效评价的过程中,公平原则是最为重要的原则,甚至可以说公平性是绩效评价的核心内容。只有做到公平原则,才能提高员工对于绩效评价的满意度,使其更积极主动地参与绩效管理,并给予企业更多的支持和信任。可以说,保证企业全员绩效评价的公平、公正,是绩效评价顺利运作并取得良好绩效目标的重要保障。

在企业绩效评价体系的制定中,必须根据具体情况采用多种绩效考评的方式来解决绩效评价中出现的问题,要求管理者做好相应的绩效信息的收集和整理,并凭借客观的资料而并非主观的意愿和印象来对员工业绩进行考核,强化绩效评价的公平性,减轻由于主观感情色彩所导致的问题。

4.2.2.4　重视可持续发展绩效

能源行业是我国国民经济的基础产业和支柱产业,具有流程长、规模大、产能高的特点,不仅自身能产生较大的规模效应,而且可以带动相关产业的快速发展。然而,部分能源企业又是一个污染较为严重的企业,其高能耗、高污染、高排放的特点使得能源行业成为我国节能减排的重点监控对象。与国外企业相比,国内企业相对缺乏履行社会责任的意识,基于这种情况,应充分重视可持续发展绩效,设立环境指标和社会指标。

第 5 章 供给侧改革对能源企业全员绩效评价的驱动研究

影响能源企业全员绩效评价的驱动因素很多,但并不是所有的因素都需要涵盖,因为这样会导致绩效评价无法实际操作。事实上,重要的是找出最主要的几种驱动因素。通过从社会环境因素、企业内部因素、自然环境因素等角度对能源企业全员绩效评价的驱动因素进行识别,从而为能源企业全员绩效评价建立基础。本章主要研究的是能源企业全员绩效评价的驱动因素、供给侧改革对能源企业绩效评价的要求。

5.1 能源企业全员绩效评价的驱动因素

能源企业在发展过程中受到内外部因素的共同影响,其全员绩效评价同样受到内外部因素的影响,准确认识这些影响因素,有利于科学、合理地评价企业绩效。社会环境因素、企业内部因素和自然环境因素是能源企业全员绩效评价的驱动因素。

5.1.1 社会环境因素

当前,我国社会环境稳定,人民物质需求得到进一步满足,社会的文明程度逐步提高,人民消费观念发生较大转变。在各个行业、企业,定制化和个性化生产成为新的追求,追求规模和批量生产的传统生产模式很难再符合大众的口味和需求。由于能源企业处在一定的社会环境中,外部因素对其影响是不可避免的。社会环境因素主要包括国家政策法律环境、市场环境、人文环境、配套服务环境等。

5.1.1.1　国家宏观经济政策

如今,在经历了几十年的高速经济增长后,我国经济发展也进入新常态。每年召开两会期间,国家都会出台新的经济发展指导方针,根据目前的经济现状,预测未来经济走势,制定出切合实际的政策措施。这些政策措施不一定完全符合每家企业的发展路径,这就需要企业根据国家的大政方针改变发展路线,及时调整方向盘,才能和市场共荣共赢。

5.1.1.2　政策法律环境

"十三五"规划指出,接下来的五年,我国要着力推进供给侧改革,优化要素配置,推动产业结构升级,扩大有效和中高端供给。围绕去产能、去库存、去杠杆、降成本、补短板这五大任务,夯实实体经济根基,寻找新的经济增长动力,维持经济新常态。同时,国家强调要加大生态环境保护力度,提高资源利用效率,建立资源环境承载能力监测预警机制,对违法违规企业予以严惩,对超过警戒线地区进行限制。要通过供给侧改革,提高供给质量和效率,实施创新驱动发展战略,填补高端产品缺口,对资源型行业的企业进行兼并重组。

能源企业的发展受国家及地方法律的约束及保护,完善的政策法律既能对违法企业形成威慑,也能保障合法企业的顺利发展。优良的法律环境能配合企业的发展思路,调动企业发展能动性、积极性。完善的法律需根据企业的发展情况来调整,企业的发展需根据法律的条款来实施,两者互相影响,互相促进。

5.1.1.3　市场环境

能源企业能否实现可持续发展,很重要的评价指标就是市场占有率与市场需求。需求市场既有市场对企业的需求,也有企业对社会的需求,企业能够很快从社会中聚集人源、资源、财源,说明企业的吸引力大;市场对企业产品的消化能力强,说明企业的市场占有率高,市场需求大。因此,良好的市场环境能为企业实现可持续发展提供重要保证。

5.1.1.4　人文环境

能源企业发展不是孤立的,既要符合当地的风俗习惯、价值观,又要和一切可利用的资源相结合。比如,企业创新,需要高校、科研机构的支持;企业宣传,离不开广告公司、媒体的帮助。因此,能源企业一定要根据当地人的传统文化、社会价值观、风俗习惯来制定发展战略,如果与地方人文环境相抵触,企业则很难顺利发展壮大。

5.1.1.5　配套服务环境

能源企业处于很多生产链条中,它有可能是上游环节,也有可能是下游环节。比如,企业生产产品既需要购买原材料,也会提供原材料,其材料的运输需要便利的交通。公共交通只是能源企业发展中所需基础服务配套设施的一方面,能源企业的发展还需要其他的配套服务机构,如咨询公司、法律事务所、审计事务所、会计师事务所等。良好的配套服务环境是企业的可持续发展的重要支撑。

5.1.2　企业内部因素

从企业内部来讲,影响能源企业可持续发展及绩效评价的因素主要有资金实力、人力资源、创新科研能力、经营管理能力及市场适应能力。

5.1.2.1　资金实力

强大的资金实力是能源企业发展的源泉。现金流一断,企业的发展立马受阻,因此,企业要采取各种措施保证资金的正常运转。这样,企业才有能力开展其他活动,如进行科研创新、提高员工的福利待遇等。

5.1.2.2　人力资源

当今世界竞争的根本是人才的竞争。人是企业可持续发展的不竭动力,企业不仅要留住中流砥柱,而且要持续注入新鲜的血液,这样才能保持企业可持续发展。如果只是依靠老员工,企业很难实现思想上的改革和突破,也难以跟上时代的步伐。

5.1.2.3　创新科研能力

创新能力的高低决定了企业的成败。在市场中占有不败地位的往往是科研能力强,拥有大量知识产权的企业。企业不仅要在技术上进行创新,在管理、生产流程等方面也要进行创新,这样才能更加灵活地适应市场需求。

互联网、物流业发展迅速,很多大型企业都在建立功能完善的电子商务平台和信息集合平台,以整合企业现有资源,促进企业在采购、销售和物流作业的信息化以及在此基础上的运作一体化。可以说,互联网使得企业整合资源、解决上下游信息不畅、提高企业效率的目标有了依托的平台和基础。

5.1.2.4　经营管理能力

随着现代企业制度的出现,高效的管理团队能够保证企业正常运作。企业管理不是以前的简单分工,而是复杂的信息沟通。因此,要提高企业的经营管理能力,需要提高管理人员的综合素质,不断学习先进管理理念,向成功企业借鉴管理思路。

5.1.2.5　市场适应能力

随着社会的发展,市场天气瞬息万变,企业只有把自己做强、做大,才能应对市场中出现的各种挑战。提高企业市场适应能力,需要在企业规模、市场规模、资金分配、生产过程等方面及时进行调整、调度。

5.1.3　自然环境因素

随着公众对环境保护的关注度不断提高,能源企业带来的空气污染、土地污染、水污染等负面影响,使得公众对能源企业产生了一定程度的排斥感。

大自然是企业可持续发展的源泉和归宿。能源企业从大自然中获得能源、资源,然后给大自然带来"三废",这种只索取不奉献的恶性循环必然会给能源企业的发展敲响警钟。

能源企业的发展,不可能独善其身,必须和自然环境共进退,才能实现自身的可持续发展。这需要企业改进生产技术,降低能源消耗,提高能源效率,降低"三废"排放率。

5.2　供给侧改革对能源企业全员绩效评价的要求

以往的需求侧管理认为,需求不足会导致产出水平下降,而需求增长是通过刺激市场达到的。供给侧管理则认为,需求增长不是通过刺激市场达到的,而应从企业供给端入手,生产出符合市场需求的产品,增加有效的潜在供给,从而刺激需求增长。

绩效评价是强化企业内部管理的重要途径,因此对于能源企业来说,应该重点发挥绩效评价的作用,强化内部管理,为企业顺利进行供给侧改革发挥作用。以下简述构建符合供给侧改革思想的绩效评价体系应该包括的三点要求。

5.2.1　以提高内部评价水平为目标

绩效评价的目的不是满足外部需求,而是通过评价反馈提高内部评价水平。绩效评价反馈为企业改进绩效评价提供了依据,通过对绩效评价结果进行分析可以发现企业现存的薄弱环节,如果只是通过"印象管理"进行绩效评价便失去了评价的意义。因此,企业绩效评价的最主要目的之一是通过评价找出其薄弱环节,最终达到提高内部管理水平的目的,所以设计的绩效评价指标应便于企业内部的监督与考核,便于绩效评价反馈和内部管理。

5.2.2　反映企业生产能力

供给侧改革不仅是政府的事情,更与企业自身息息相关,其具体体现在以下两个方面:

（1）供给侧改革通过制定去产能目标和整顿地方政策切断了能源行业产能过剩的动力。以往,以 GDP 为标准的政绩考核机制使得地方政府为了在考核当中取得优胜面而制定了一系列导致产能过剩的政策,如财政、税收优惠政策以及放宽能耗、环保要求等政策。

(2)供给侧改革要求企业从生产端出发,发挥内部业务流程在去除落后产能、改善产品结构等方面的重要作用,强调生产部门应承担改革的重任。

5.2.3 反映企业创新能力

供给侧改革要求能源企业实现产业升级,这就需要企业发挥技术创新和评价创新的协同作用。其中,技术创新是核心驱动力,管理创新则可配合技术创新助推产业转型升级。具体表现为:

(1)提高全要素生产力,实现技术创新。鼓励产能过剩的能源企业淘汰落后生产要素,积极进行技术创新,在保证产品质量的基础上提高供给效率。

(2)创新管理方式,提高评价水平的同时节约经营评价成本。

(3)注重发挥技术创新与评价创新的协同驱动作用。因此,应当在绩效评价体系中加入研发投入占营业收入比重等反映企业创新投入的指标和新产品销售量等衡量投资是否提高创新能力的指标。

企业的内外部环境驱动企业进行创新,同时影响着企业的创新绩效。从国家宏观政策来讲,供给侧改革"要求清理僵尸企业,淘汰落后产能,将发展方向锁定在新兴领域、创新领域,创造新的经济增长点";从企业微观运营来讲,改革则要求企业从供给出发,强化内部评价的作用,将生产端作为主要管理对象,并着重加强企业的创新研发能力。

第6章 能源企业全员绩效评价指标与指标体系

科学合理的能源企业绩效评价指标,建立在对绩效评价指标的准确认识和对企业的实际情况的充分认知的基础上。了解绩效评价指标以及企业绩效评价指标分析方法,有利于绩效评价指标体系的设计与构建。本章首先对企业绩效评价指标进行概述,在此基础上研究了能源企业绩效评价指标体系的建立,以及低碳视角下的新能源企业绩效评价指标体系。

6.1 绩效评价指标概述

6.1.1 绩效评价指标

6.1.1.1 绩效评价指标的特点与作用

1. 绩效评价指标的特点

绩效评价指标是对绩效进行评价的维度,是用于评估和管理被评估者绩效的定量化或行为化的标准。一般来讲,绩效评价指标应至少具备这样几个特点:

(1)增值性。增值性指的是绩效评价指标对组织目标是具有增值作用的,该增值作用是指绩效评价指标的管理是否可以产生"1+1>2"的产出效果以及是否能鼓励对组织有贡献的行为。此时的绩效评价指标不仅是连接个体绩效与整体目标的桥梁,而且是组织内部进行绩效沟通的基石。

（2）定量化。定量化是指绩效评价指标应能用数量来表示。用数量来表示是为了确保指标能够被衡量。不能用数量表示的指标就没有可操作性，应当舍弃。

（3）行为化。行为化是指绩效评价指标的工作内容是否被付诸行动或是否被执行，表现结果是工作做了没有或任务完成了没有。如果指标不能用数量表示，那就应该尽量用行为来描述。可见，行为化的目的也是使绩效评价指标更具可操作性。

2. 绩效评价指标的作用

能源企业绩效评价的目标在于改进能源企业今后的竞争力，使其获得持续的竞争优势。由于绩效是一个比较笼统的概念，可操作性比较差，一般很难直接地用于实践以指导企业组织内部各个部门和员工的具体工作，于是，建立一个有效的全员绩效评价体系就显得十分重要。

建立指标体系好比制定游戏规则，它详细地确定了员工的行动方向，为员工提供了行动指南，既有激励作用，也有约束作用。当一家企业准备采取低成本领先的战略获取竞争力时，针对不同的员工，必须采取相应的指标以规范其行为，比如对生产岗位的员工的评价可以重在物料的节约，对行政人员的评价则重在管理费用的节约，而对市场销售人员的评价则重在营销费用的节约等。通过这些指标就能明确地界定出员工的行动范围，引导员工的行动方向。

6.1.1.2 绩效评价指标的分类

1. 根据绩效评价的内容分类

（1）工作业绩指标。工作业绩就是工作行为产生的结果，一般情况下，工作业绩主要包括工作的数量、工作的质量及成本费用三方面。工作的数量是指所完成工作的总量及按期完成的程度，工作的质量是指完成工作的细致程度、准确程度及工作效率，成本费用是指工作在进行中及最后完成时花费的时间、财、物的总量。也就是说，工作业绩指标具体体现为工作数量指标、工作质量指标及成本费用指标。

（2）工作能力指标。不同的工作岗位对员工的能力要求不同，在绩效考核中加入工作能力指标，一方面可以明确该岗位所需要的能力，另一方面可以引导员工不断提高自身的工作能力，以激励其与现在的岗位所匹配并向更高层的岗位努力。工作能力一般包括体能、智能及技能，即工作能力指标可以体现为体能指标、智能指标及技能指标。

（3）工作态度指标。不同的工作态度会产生截然不同的工作结果，虽然工作态度不能决定一个人的绩效，但在很大程度上能够影响工作绩效达到的水平，即"工作态度决定工作高度"。因此，在每个企业的绩效评价体系中都会设有关于工作态度的指标。不同的企业及其中不同的工作岗位均可使用相同的工作态度指标。

2. 根据绩效评价指标的性质分类

（1）定量指标。该类指标是以统计数据为基础，把统计数据作为主要评价信息，建立评价数学模型，并以数量表示评价结果的绩效指标。定量指标相对客观、公正，可以摆脱主观因素和个人经验的影响，使评估结果更加准确、可靠。但是，若所依据的数据不准确，就难以保证评价结果客观、准确，而且定量指标缺乏灵活性，不能说明工作的质量，难以表现工作的全部事实。

（2）定性指标。该类指标是指无法直接通过数据计算分析评价内容，需对评价对象进行客观描述和分析来反映评价结果的指标。定性指标可以充分发挥人的主观能动性，在绩效评价时综合考虑更多因素，使评价更加全面。但定性指标反映的被评价者的业绩往往是笼统的且涵盖多方面内容的，而评价者是凭着对被评价者的业绩的总体感觉给出一个印象分，所以，定性指标在准确性上有待考量。

综合考虑定量指标和定性指标的优点和缺点，企业在实际运用过程中可将二者结合起来使用，以达到扬长避短的效果。在数据充足、全面的情况下，以定量指标为主，定性指标为辅；在数据缺乏或者难以量化的情况下,以定性指标为主,定量指标为辅。

3. 根据绩效的定义分类

(1)特质指标。该指标来源于"能力绩效",指的是个人的性格和能力,如道德水平、忠实程度、敬业程度、吃苦能力、领导能力、管理能力等。特质指标注重的是什么样的人,而不考虑工作成果,缺乏有效性。它常适用于对工作潜力开发的预测。

(2)行为指标。该指标来源于"行为绩效",关注的是工作流程,工作具体如何执行,适用于按照固定流程和标准进行的工作。采用该指标需要对所有的工作行为加以区分,工作量大,工作难度大,使得绩效评价成本过高。

(3)结果指标。该指标来源于"结果绩效",强调以结果为导向,重点是结果,而不是行为。它通常适用于通过多种方式、方法实现绩效目标的岗位,且不同岗位的指标不同。采用该指标容易导致被评价对象急功近利,影响企业的长远利益和更大发展。

4. 根据是否反映财务内容分类

财务指标主要包括财务效益状况、资产运营状况、偿债能力状况和发展能力状况,非财务指标主要包括经营者基本素质、产品市场占有能力(服务满意度)、基础管理水平、发展创新能力、经营发展战略及技术装备更新水平(服务硬环境)。

财务指标数据易于获得,很多数据可以从企业的财务会计报告中直接或间接获得,因而便于操作。财务指标的数据通常是以货币方式来表现的,便于定量分析。另外,财务评价指标可以反映企业财务方面的实力,进而对企业的财务状况进行较好的评价。但是财务指标评价体系有明显的缺陷,它会导致管理者做出一些有利于短期利益却对企业长远发展不利的决定,例如为获取短期利益而牺牲对研究的投入等。

6.1.2　绩效评价指标的设计

6.1.2.1　绩效指标的设计原则

绩效评价指标具有一定的稳定性,一旦确定就不会轻易被修改。在设计绩效评价指标时,应注意满足以下几个方面的基本要求:

(1)定量指标为主,定性指标为辅。定量化的绩效评价指标明确清晰,便于确定级别标度,因易于量化而在国内外企业中被广泛使用。

(2)独立性。评价指标之间的界限应该清楚明晰。不同的绩效指标之间尽管有相互作用或相互影响、相互交叉的内容,但一定要有独立的内容及独立的含义和界定。绩效评价指标的命名应准确,没有歧义,使评价者能够轻松地理解它的含义。

(3)针对性。绩效评价指标应根据岗位职能所要求的各项工作内容及相应的绩效目标和标准来设定。例如,"沟通协调能力"与"组织协调能力"中都有"协调"一词,但是,实际应用的人员类型不同。"沟通协调能力"一般运用于评价普通员工,而"组织协调能力"则更适于用来评价管理人员在部门协调与员工协调中的工作情况。

(4)层次性。绩效评价体系中应既有宏观层次的指标,又有个体层次的指标。

(5)相互关联性。绩效评价指标之间存在着必然的逻辑关系,一个指标的目标之所以能够实现,往往就在于其他相关指标的目标得以完成。

(6)时效性。绩效评价指标要体现时效性,不能一成不变,要依据形势和企业发展的变化而变动。

6.1.2.2　绩效评价指标的设计流程

(1)确定评价对象:评价指标设计过程中,应首先考虑指标的评价对象。

(2)进行职责分析:职责分析是评价指标设定的基础。

(3)绩效评价指标体系设计:依据职责分析内容,设定硬指标

(可通过财务数据进行量化的指标)和软指标(无法通过财务数据进行量化,是一些主观性或定性描述为标准的指标)两大类。

(4)绩效评价指标的提取:提取依据主要是职责分析的内容和通过框架设计确定的硬指标和软指标。通常采用穷举法、头脑风暴法、问卷调查法及人员访谈法等方法提取指标。

(5)绩效评价指标的筛选和确定:结合评价指标设计的四项原则进行分析、筛选和确定。

(6)绩效评价指标的评估:对指标的评估可采用专家评估和建立指标评议平台的方式。

(7)绩效评价指标的修正和审核:根据绩效评价结果,对绩效评价指标进行修订和调整以获得支持。

6.1.2.3 绩效评价指标的定位与分解

要使绩效评价指标具有可操作性,就必须从实际工作中的具体情况出发,准确地对其进行定位、分解、筛选和审核,由此确定出具体的、可测量的、符合实际的绩效评价指标。

1. 指标定位:OGSM 法

OGSM(Orientation Goal Strategy Measure)法是一种计划与执行管理工具,是制订策略计划的强大工具。它的基本思路表现为:确定方向→制定目标→采取策略→进行测量。

(1)O:方向——确定企业的战略,即企业在经营过程中所要达到的市场竞争地位和管理效率要求。用以衡量企业发展方向的因素很多,比如行业领先地位、总体规模、市场份额、收入和盈利增长率、投资回收率、企业形象、竞争优势排名等。

(2)G:目标——对企业战略目标实现具有重大影响的变量和领域。它是制定关键性绩效指标的依据,通常考虑的是战略目标赖以实现的重点资源和约束条件,如产品的品种或者质量、营运资金占用水平、关键性人才的流失等。

(3)S:策略——为解决关键问题所采取的具体手段,体现为对于具体领域内竞争方式、关键行为、成功因素的确认。在不同的发展阶段,对应不同的发展重点,往往也就需要不同的具体策略。如为了降低关键性人才的流失率,可以要求直线主管和人力资源部等相关部门建立有效的沟通机制,并从沟通的频率、沟通的技能水平等指标出发来衡量直线主管和人力资源部门的绩效状况。

(4) M:测量——对企业的发展方向、战略目标、经营策略和手段都应进行具体的测量。方向、目标和策略的测量指标体系是不同的,但又存在一定的相关性,都是为了企业能够获得很好的绩效和竞争优势。

2. 指标分解:鱼骨图法

根据战略层层分解目标,明晰企业的战略目标后,需直观展示特定问题或状况产生原因的分析思路。鱼骨图是一种发现问题根本原因的方法,原本主要用于质量管理,现在应用于关键绩效评价指标设计的分析上。其主要步骤如下:确定影响企业战略和目标实现的关键成功因素,即确定能够有效驱动战略目标实现的关键性因素的范围;再从关键性因素范围内找到达成目标的关键成功因素,并依据其提取关键绩效评价指标。

找出关键成功因素是设计关键绩效评价指标的核心环节,一般有两种方法:一种是从满足客户个性化需要和客户创造价值角度出发,将客户提出的需求转化为成功因素;另一种是从实现自身目标出发,通过关键成功因素法、关键策略目标法、关键结果领域法、关键业务板块法等多种方法,发现目标实现的关键因素。

在鱼骨图中,战略目标重点在鱼头位置,大鱼刺表示"主关键成功因素",小鱼刺表示"次关键成功因素","次关键成功因素"是对"主关键成功因素"的进一步分解。鱼骨图的制定流程和方法可参见图6-1和图6-2。假定企业的战略目标定位于提高市场占有率,假定从已知的关键成功因素范围中选取了以下关键绩效因素:品牌知名度、产品质量、价格、供应量、销售服务、促销方式、竞争策略、营销模式等。根据上述关键绩效因素,作进一步的指标分解。比如,基于影响产品质量的因素,对指标进一步分层就可得到以下衡量指标:

采购质量、领导质量意识、员工素质技能、产品性能等。

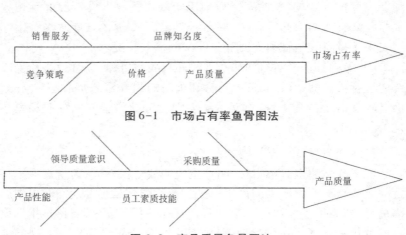

图 6-1   市场占有率鱼骨图法

图 6-2   产品质量鱼骨图法

6.1.2.4   绩效评价指标的筛选与审核

1. 指标筛选:KPI 法

指标筛选常见的方法是关键绩效指标（Key Performance Indicator, KPI）法, 它的理论基础是"二八法则"。其基本出发点在于关注指标的重要性, 在企业日常的经营活动为企业所有者创造价值时, 部门或者工作个体的 80% 的工作任务是由 20% 的关键绩效行为来执行的, 抓住 20% 的关键绩效行为, 也就抓住了重点与关键。

企业在利用 KPI 法进行指标筛选时应该注意以下几点:①指标应该精确、易懂和完整;②指标在实践中应该可以测度;③为确保信息含量, 指标最好使用百分比（分子与分母）;④指标要包括报告频率（如每月、每季或每年）;⑤指标的制定应该从综合能力、行为和结果角度进行分类。

在确定 KPI 时, 第一种方法是管理者根据自己的工作经验对各项指标的重要性进行评分、排列, 进而挑选出最符合的关键指标;第二种方法是采取专家法, 即聘请业内知名专家参与协助企业管理者一同确定 KPI;第三种方法则是通过广泛的社会调查收集数据,并基于统计处理以量化每个指标的重要程度,这种方法耗费高,但更加具有科学性,所以是今后绩效管理过程中的最优备选方法。

2. 指标审核:标杆基准法

标杆基准法是指企业将自身的关键绩效行为与最强的竞争企业或那些在行业中领先的、最有名望的企业的关键绩效行为作比较,主要从企业总体层面、流程与职能层面、员工个体层面进行比较分析,分析这些参考企业的绩效形成的关键绩效因素和指标,在此基础上建立企业可持续发展的关键绩效标准及绩效改进的最优策略的程序与方法。这种方法对于那些采取追随战略的企业更为适应、有效。当然这种方法也存在不足,主要是容易失去对环境的敏感性,导致迷失方向。

6.1.3　绩效评价指标的分析方法

企业绩效评价是指对企业经营效益和经营者业绩所作的综合性评价,在企业管理中具有重要的作用和地位。一方面,不同的企业绩效评价方法会引导管理者和员工不同的行为,因而给企业带来不同的管理效益差异;另一方面,同一企业采用不同的方法进行评价,也会得出不同的评价结论。因此,企业绩效评价对企业的生存和发展起着至关重要的作用,是企业管理工作的核心环节。

6.1.3.1　目标管理法

目标管理(Management By Objective,MBO)法是管理大师彼得·德鲁克(Peter Drucleer)提出并倡导的一种科学优秀的管理模式,是指组织的最高层领导根据组织面临的形势和社会需要,制定出一定时期内组织经营活动所要达到的总目标,然后层层落实,要求下属各部门主管人员以至每个员工根据上级制定的目标和保证措施,形成一个目标体系,并把目标完成情况作为考核的依据。它是根据注重结果的思想,先由组织最高管理者提出组织在一定时期的总目标,然后由组织内各部门和员工根据总目标确定各自的分目标,并在获得适当资源配置和授权的前提下,积极主动为各自的分目标而奋斗,从而使组织的总目标得以实现的一种管理模式。

1. 目标管理法的优点

目标管理考评体系是一整套计划和控制系统,同时也是一套完整的管理哲学系统。在理论上,只有每位成员成功,才可能有主管人员的成功、各个部门的成功和整个组织或企业的成功。研究表明,这一方法有助于改进工作效率,而且还能够使公司的管理者根据迅速变化的竞争环境对员工进行及时的引导。

2. 目标管理法的缺点

目标管理的实质是反向式控制管理,容易导致对质量的忽视;单纯追求利润目标,靠账面数字管理企业;制定高额利润或绩效目标,仅靠奖罚管理企业,容易导致企业管理走向极端。

在目标管理实施过程中,需要对全体人员进行现代管理科学和目标管理思想的教育,加强统计工作,打好信息基础,加强标准化工作,实施以 KPI 关键绩效为核心的目标管理体系。当市场环境在目标设定后发生改变时,应当及时调整目标,从而确保既定目标的合理、有效。

3. 目标管理法在企业的实施

目标管理实施步骤如图 6-3 所示,主要包括以下几个方面:

(1)设定绩效目标。为每位被评估者设立所应达到的目标以及为达到这一目标所应采取的方式、方法。

(2)确定被评估者达到目标的时间框架。通过对时间的有效约束,保证组织目标的实现。

(3)将实际绩效水平与设定的绩效目标进行比较,查找工作实施过程中的优缺点,有助于决定培训的需求以及确定下一绩效评价周期的各级绩效评价指标。

(4)制定新的绩效目标。

图6-3　目标管理实施步骤图

6.1.3.2　360度绩效评价

360度绩效评价也叫多视角考评或多个评价者评价,评价者可以是被评价者的上级、同事、下级和客户(包括内部客户和外部客户和客户等)等。可以说,评价的主体是很全面的。通过评价形成定性和定量化的评价结果,积极地反馈至相关部门和被评价者,可达到改变行为、改善绩效的目的,360度绩效评价法框架见图6-4。

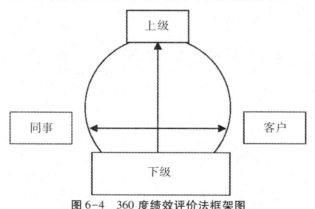

图6-4　360度绩效评价法框架图

1.360度绩效评价法的优点

(1)考核的主体是多元化的。考核结果显得相对公平,员工也容易接受,可以减少考核误差,考核结果相对有效。

(2)人员参与度高。多个主体参与考核,调动人员和资源多,从整体绩效管理推动力来讲,就可以让员工感觉企业很重视绩效管理。

(3)考核的要素是多元化的。对员工综合素质要求比较高,有助于促进组织成员的自我加压,同时可以促进成员间的沟通与互动,提高团队凝聚力与工作效率,进而促进企业人力资源整体水平的提高。

2. 360度绩效评价法的缺点

(1)整个考核牵涉到的人力资源和其他资源较多,周期较长,时间成本和工作损失也必然存在,总体成本较高。大多数企业为了图省事,都不愿意采用该评价法。

(2)整个考核侧重综合考核,定性成分高,定量成分少,定性化的考核带有很大主观性,无法进行有效评价,有失公平。

(3)员工关注与其他相关岗位的沟通及关系,不利于个人业务及能力的持续提高。

3. 实施360度绩效评价法对企业的要求

(1)企业的战略、组织架构、人员要相对稳定,成长型企业无法采用360度绩效评价法,成熟期的企业可以应用。

(2)行政人员或研发人员占多数的企业比较适合使用,而生产型和销售型企业由于指标比较清晰,没有必要采用此方法。

(3)企业人数要达到一定规模,一般适合500人以上的大公司。

6.1.3.3 平衡计分卡

平衡计分卡(Balanced Score Card,BSC)法着眼于培育企业核心竞争力和建立未来竞争优势的企业战略,选择了财务角度、客户、经营过程、学习与成长这四个关键的战略维度,设计出一整套系统的企业绩效测评指标体系,它是由罗伯特·卡普兰(Robert Kaplan)与戴维·诺顿(David Norton)于20世纪90年代后期提出的,见图6-5。

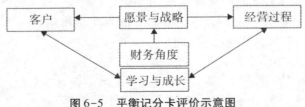

图6-5 平衡记分卡评价示意图

1. BSC 法的优点

（1）BSC 法关注的是企业未来价值增长的驱动因素，这些因素之中既有财务指标也有非财务指标，既关键又比较全面。因此，它既可用于企业绩效评价体系，也可用于企业战略管理体系，具有企业诊断功能。

（2）BSC 法将企业战略目标具体化，使内部所有员工都能很好地理解公司战略目标，有利于沟通、协调和集中精力。

（3）BSC 法有利于企业员工的学习成长和核心能力的培养。

2. BSC 法的缺点

（1）强调的四个战略维度指标权重的分配比较困难，权重的制定没有一个客观标准，评价结果脱离实际。

（2）指标数量过多，实施难度大，需要投入大量的人力、物力，对中高层管理者的素质要求高。

（3）财务、内部运营、学习与成长三个维度都与企业内部评价有关，对企业外部的评价不足。

（4）非财务指标的量化工作困难，无法避免主观评价的因素。

3. 实施 BSC 法对企业的要求

（1）企业要有清晰的战略目标和规划。明确的战略目标、清晰的战略规划是 BSC 法实施的前提。

（2）BSC 法的实施需要构建相应的基础设施。由于推行的管理成本高，企业的经济基础要扎实，要有强大的技术支持、完善的信息化系统和成本管理体系。

（3）企业要有以战略为导向的企业管理和组织结构。

（4）企业要有具备先进管理理念的高素质管理人才。

6.1.3.4　关键绩效指标法

关键绩效指标（Key Performance Indicator，KPI）法是通过对组织内部流程的输入端、输出端的关键参数进行设置、取样、计算、分析，衡量流程绩效的一种目标式量化管理指标法，是把企业战略目标分解为可操作的工作目标的工具,是企业绩效管理的基础。这种方法自企业的战略目标出发,通过分析企业的价值链,确定企业关键成果领域和关键绩效指标,并层层分解,直至形成企业、部门和岗位三级关键绩效指标体系。确定 KPI 主要有三种方法,即标杆基准法、成功关键分析法和策略目标分解法。

KPI 法指出,企业在确定关键绩效指标时应当遵循 SMART 原则,即满足"具体(Specific)""可度量(Measurable)""可实现(Attainable)""现实性(Relevant)"和"有时限(Time-bound)"五项要求,它是随企业战略的不同和企业具体所处发展阶段的不同而变化的。

1. KPI 法的优点

(1)目标明确,是企业战略目标的层层分解,通过对 KPI 的统一规划和有效控制,员工绩效行为与企业目标要求的行为相一致,进而保证公司战略目标的实现。

(2)KPI 提出了客户价值理念,提倡实现企业内外部客户价值,对企业的经营思想起到了正确的导向作用。

(3)KPI 通过对指标进行策略性分解,使公司战略目标成了个人绩效目标,员工在实现个人绩效目标的同时,也是在实现公司总体的战略目标,促使两者利益一致,最终实现共赢。

2. KPI 法的缺点

(1)KPI 更多地倾向于定量,但它并没有提供一套完整的、具有可操作性指导意义的指标框架体系。

(2)KPI 法过分地依赖评价指标,人为因素和弹性因素都没有考虑,会使评价者误入机械的评价方式,进而产生一些评价上的异议。

(3)KPI 并非对所有岗位都适用。

3. 实施 KPI 法对企业的要求

(1)企业要有清晰的战略目标,绩效指标的设计是从战略目标延伸出来的。

（2）企业文化要以绩效为导向，要建立相应的组织氛围，通过企业文化化解绩效评价过程中的矛盾，形成与企业核心价值观一致的企业文化。

（3）企业各级主管人员要肩负绩效管理任务，要有先进管理水平和分解与制定关键绩效指标的能力。

（4）企业要重视绩效沟通制度的建设，KPI 的建立与落实是一个自上而下、自下而上的制度化过程，指标的分解与制定要以良好的沟通制度作保证，才能使 KPI 评价具有实效性和挑战性。

除了上述常用的绩效评价方法外，绩效评价方法还包括主观工作行为评价法和客观工作行为评价法。主观工作行为评价法主要是指在对员工进行相互比较的基础上对员工工作进行排序，提供一个员工工作的相对优劣的评价结果，主要包括简单排序法、交错排序法、成对比较法和强制分布法。

各种绩效评价方法各有特点，只有结合企业的具体情况，根据企业自身的类型，寻找和调整适合现阶段企业发展的绩效评价方法，方能引导企业更好的发展。

6.2　能源企业全员绩效评价指标体系

6.2.1　体系的构建原则

绩效评价本身是企业经营管理的一个手段与工具，评价结果根据不同的评价依据而有所差异，绩效评价的过程与结果只能在某些程度上作为一个参考，真正能够体现绩效评价目标导向的是绩效评价的指标体系。只有通过适合的指标体系作为引导，绩效评价才具有实用意义。

合适的指标体系不是照搬照抄原有的体系，更不是随意选取众多指标罗列堆积，而是根据特定的原则、评价对象的领域与特征建立起来的，既能够反映一个企业的财务绩效，又能够反映其社会绩效的指标体系。指标体系构建原则包括：

（1）全面性与可操作性相统一原则。一方面，指标的设置范围应全面，既包括财务指标，又包括非财务指标；既有定性指标，又有定量指标；既要反映国家政策导向，又要反映本行业的特有性质。另一方面，指标体系中设定的指标应当具有可操作性，即具有可测性、可比性，数据应便于获取且易于量化。

（2）独立性与国际趋同原则。独立性要求评价指标之间要互相独立，避免关联度过高，因为高度关联的指标带有共同的信息，会增加评价的复杂性。国际趋同不是指我们对于国外研究成果的照抄照搬，而是在保持中国特色的基础上借鉴其有利于我国理论与实践发展的研究方法。

（3）整体性与层次性原则。整体性指的是各个子系统之间应相互协调，使得指标之间既不关联又不遗漏。层次性指的是在不同的层级应有不同的指标设置，根据评价的广度与深度将指标体系分为若干级别，使指标体系更加合理清晰。

（4）普遍性与特殊性相统一原则。普遍性即使用已有的、各类行业共通的一些大众化指标。但是，各个类型的能源企业自身特点不一，针对不同企业我们应为其量身定做一些特殊的指标。

目前，大多数企业绩效评价涉及最多的还是财务状况评价，从可持续发展观、环境成本论出发设立评价指标体系的并不多见，但是能源企业，更应该注重环境保护方面的评价。因此，在可持续发展思路的指导下，在评价能源企业绩效时要将社会责任指标和环境方面指标纳入其中，对企业绩效进行全面综合的分析。

6.2.2　体系的设计步骤

（1）通过工作分析和业务流程分析确定绩效评价指标。企业首先要根据企业规模、行业特点和绩效评价目的等，选择适合各个层面的评价指标，建立初步的绩效评价指标库。进行工作分析和业务流程分析是建立健全的绩效评价指标体系的有效方法，但这种方法需要以健全的组织机构和较高的管理水平为基础展开,同时,因其需要较多的资料,对操作者的专业素质要求较高,执行成本比较高,一般适合于规模较大、发展趋于稳定又亟待建立系统绩效指标体系的企业。对于一些组织机构不健全、规模不大、发展不太稳定的企业,可以参考通用指标,再加上对企业的整体把握,建立初步的绩效评价指标库。

(2)初步划分绩效评价指标的权重。结合企业的战略目标和各个层次的绩效目标,按照对绩效目标的影响程度对绩效评价指标进行分档。比如,可按照"非评价不可、非常需要评价、需要评价、需要评价程度低、几乎不需要评价"等进行分档,对初步的绩效评价指标库进行筛选。

(3)通过各个阶层的管理者与员工之间的沟通,确定绩效评价指标体系。在确定了绩效评价指标权重,并对绩效评价指标库进行初步筛选之后,需要让绩效评价的利益相关者参与确定最终的绩效评价指标体系。让利益相关者参与绩效评价指标体系的设计和建立,可以增强评价者和被评价对绩效指标的认可度,有利于绩效管理工作的展开。

(4)进一步修订和完善绩效评价指标体系。为了使确定好的绩效评价指标更趋合理,还应进一步对其进行修订和完善。修订和完善可分为两种情况:一种是评价前的修订,即通过专家调查法,将所确定的评价指标提交给领导、专家及咨询顾问,征求他们的意见,修改和补充指标体系;另一种是评价结束后的修订,根据绩效评价及其结果的应用等情况进行修订,使评价指标体系更加理性和完善。

6.3 低碳视角下的新能源企业全员绩效评价指标体系

6.3.1 新能源企业全员绩效评价的特点

随着社会价值观念的变化和发展,绩效评价的标准也在不断发生变化。对企业而言,其生产经营的目标已由单纯地追求利润转向关注企业的全面发展,提高企业的价值;对于企业绩效的评价,已经由过去单纯评价企业的产值和利润转向企业的价值创造能力和社会责任履行情况,并且不再使用单个或几个财务指标来衡量企业的绩效,而是转向建立指标体系,对企业进行全方位的综合绩效评价。

对于新能源企业而言,首先企业管理者经营的目标就是实现资产的增值和为股东赚取利润,所以财务绩效指标是他们关注的。新能源企业需要获得大量投资,而投资者之所以投资这一高成本、高风险领域,是想获得相应的高回报,他们通常更关注企业的股价。目前我国的能源与环境问题严重,政府对新能源的开发与利用给予了相当大的支持,从金融、财税、补助等各方面促进新能源行业的长远稳定发展。政府作为宏观调控者,更关注新能源企业对技术创新、环境保护的影响。新能源企业的员工、社会公民等利益相关者可能更关注企业的社会责任履行情况。由于新能源产业的使命就是保护环境、实现低碳经济,所以,大家共同关心的还是新能源企业对低碳循环经济模式的贡献。

新能源企业肩负着国家、社会和人民的厚望,对于稳定经济增长、保持社会和谐、保护地球环境、促进科技进步起着至关重要的作用。因此,对新能源企业绩效的评价不能片面强调某一方面,仅以利润指标为标准,也不能忽略新能源企业在节能降耗方面的使命。科学合理的方法是应该在低碳视角下,综合评价新能源企业在财务、技术、价值、减排、科技、战略、社会等各方面的综合影响。

6.3.2　新能源企业全员绩效评价指标体系的内容

对新能源企业进行绩效评价时,首先要解决的问题是如何建立科学有效的绩效评价指标体系。要想使绩效评价的结果更加合理、有效和更具说服力,科学地选取每个绩效评价指标是必不可少的环节。根据目前中国新能源企业的自身特点,应当在考虑碳减排绩效的基础上,从社会绩效、财务绩效、技术绩效和价值绩效等方面对其进行综合评价。不论是碳减排绩效还是财务绩效或是社会绩效,每个方面的绩效衡量标准都存在多项指标,有些指标是可以直接客观量化的,有些只能根据人们的主观价值判断,但都可以作为指标体系的备选。

6.3.2.1 碳减排绩效

新能源企业碳减排绩效是指企业开发销售的新能源产品使用后在节约能源、治理污染、减少碳排放量等方面取得的环境保护效率和效果。新能源企业本身运营的每个时间点也都在消耗能源,所以在绩效计算时要剔除企业本身生产新能源产品的碳消耗量。度量碳减排量可以采用比较法,即新能源企业生产的新能源产品总量在投入使用后,按其技术参数计算其碳排放量,然后与达到相同发热量的传统能源相比较,得到使用新能源产品后减少的碳排放量。

6.3.2.2 社会绩效

社会绩效指新能源企业对社会的政治、文化、民生、生态、环境等带来的综合贡献。因为碳排放已作为一个单独的绩效评价指标,所以对社会绩效的衡量主要从其他方面入手。衡量企业社会绩效的指标有企业公益捐赠、环境保护、解决就业人口、员工福利水平、企业纳税贡献等。

6.3.2.3 财务绩效

财务绩效是传统的绩效评价方法,主要比较分析以衡量企业一定时期内的财务状况和经营成果的财务指标。将企业会计报表里的数据信息简单加工就可以生成相关财务指标来定量反映整个企业的经济效益和成果。因为财务指标涵盖了企业整个生产经营过程,所以财务绩效可以全面判断企业经营管理状况,发现企业经营管理问题,揭示企业所面临的风险。反映企业盈利能力的财务指标有净资产收益率、毛利率等;反映企业盈利质量的财务指标有利润现金系数、主营业务利润率等;此外,还有如资产负债率、流动比率、营业收入增长率、资产周转率等反映企业抵抗债务风险能力、运营能力和发展能力的指标。

6.3.2.4 技术绩效

新能源产业属于高新技术行业,需要不断加大对新能源技术的研究和开发投入。这些创新投入产生的直接后果就是各项技术研究成果,如专利申请、非专利技术、发表科技论文等,间接后果表现为新能源产品的推出、新能源技术的运用带来的新产品和服务收入的增长等。因此,可以使用企业专利申请数、专利拥有数量、发表论文数量、高新收入增长率、高新收入占总收入比例等指标来衡量新能源企业的技术绩效。

6.3.2.5 价值绩效

企业的经营目标已由单纯地追求利润转向企业价值或股东财富的最大化,新能源的研究开发和使用对企业价值的提高至关重要。很多新能源企业已经在深沪交易所、新三板或境外证券交易所等资本市场挂牌上市,其每天的股票交易价格就是企业价值的外在表现形式,因此,可以根据其价格波动情况计算企业的市盈率、市净率、托宾 Q 值等指标来衡量其价值绩效。

新能源企业全员绩效评价指标体系的构建应该按照科学性、系统性、可比性、可操作性原则,合理地选择指标体系。根据中国新能源企业的实际发展情况,参照绩效评价方面的相关研究成果,并请教新能源企业的实务工作者后,可知新能源企业全员绩效评价时应选取的指标体系。一级指标为碳减排绩效指标、社会绩效指标、财务绩效指标、技术绩效指标和价值绩效指标等五个方面。二级指标则为新能源产品碳排放减少量,企业捐赠、企业员工规模、员工福利水平、企业纳税总额,净资产收益率、营业利润率、总资产周转率、流动比率、资产增长率,市净率、托宾 Q 值,新能源产品专利申请数、新能源论文发表数量、高新产品收入增长率、高新产品收入占总收入比例等具体指标。

6.3.3　新能源企业全员绩效评价模型的构建

　　一般来说,新能源企业提高某一方面的绩效指标,可能会影响到另一方面的绩效指标。例如,碳排放绩效的提高可能需要增大企业的运营成本,势必导致财务绩效的降低;加大研发创新的投入规模,可以增加专利数量,但同时可能使企业的利润降低。为解决这一冲突,绩效评价专家广泛使用数学模型的方法对其进行综合平衡。这些评价方法从不同领域、各个学科引入,各有利弊,不同的评价主体可以根据评价对象的实际情况采用不同的评价方法。常用的定量评价方法有模糊综合评价法、因子分析法、平衡记分卡法、层次分析法、DEA 法、主成分分析法、熵权法、德尔菲法等。

　　绩效评价需要比较各方面的投入和产出,新能源企业的主要使命在于减少碳排放量、保护地球环境,因此需要在低碳视角下,适当增加碳排放绩效评价指标的权重,但具体权重应该是多少,其他指标该如何分配权重,最后评价结果如何等问题具有模糊性和复杂性。因此,在分配权重时可以结合美国著名运筹学家、匹兹堡大学教授塞蒂(Saaty)于 20 世纪 70 年代中期提出的层次分析法和扎德(Zadeh)教授于 1965 年提出的模糊集理论两种方法进行解决。层次分析法将待评价的问题分解成若干个递阶层次的组合因素,使用两两比较的方式决定本层次中各个因素的相对重要性,逐层推进决定各层次因素的相对重要性和权重。而模糊集理论使用模糊数学的方法,对各测评对象进行模糊数学合成运算,最终使难以量化的测评对象清晰化。因此,对新能源企业的全员绩效评价可以先用层次分析法决定指标权重,再使用模糊评价法评测绩效分值,这样既可以解决确定权重时的主观性和测量因素的模糊性问题,又增强了新能源企业绩效评价结果的科学性与准确性。

　　新能源企业全员绩效评价要建立在节能减排、降低碳排放量的基础上,综合运用财务绩效、技术绩效、价值绩效、社会绩效等指标和标准,采用科学和系统的方法,对新能源企业做出客观价值判断。低碳视角下的绩效评价有利于相关利益者更加全面地了解新能源企业的绩效状况,对新能源企业进行理性投资、有效监督、合理补助、科学激励,有利于新能源产业向着良性方向发展。

第7章 能源企业全员绩效标准与指标权重

企业员工绩效应该达到什么样的水平、完成多少数量、达到什么程度的问题,以及员工被期望达到什么水平,是绩效标准的主要内容。科学合理的指标权重,能够直接显示各项绩效评价指标的重要性,指标权重值越大,说明对企业或员工的意义越大。本章首先对绩效标准进行概述,在此基础上研究了绩效指标权重的确定。

7.1 绩效标准概述

7.1.1 绩效标准的基础

绩效标准又称效能标准,是从主体最终目的的要求对客体满足主体需要的考察。绩效标准包含两个方面:一方面是最终效果要求,如教育的最终目的体现为学生素质的提升;另一方面是效率效益指标。实现同样的最终目的,各人所用物质资源、时间长短等都有差异,这就体现出了效率效益的差异。

设计绩效评价制度,首先要决定绩效标准。初期,此制度重视个人特质;20世纪50年代后,转变为重视员工应该做什么和完成什么;到了60年代初期,彼特·德鲁克(Peter Drueker)所提出的目标管理理论(MBO)被广泛地运用在绩效管理上,所以绩效评价的重点在于员工是否达成预先设定好的目标。20世纪70年代起,评鉴中心逐渐受到大众的重视,其功能为通过被评估者与工作有关的行为向度来判断员工的绩效表现。换句话说,员工的工作行为也成为绩效评价的重点。因此,从考评制度的演进来看,绩效标准的基础包括特质、行为、结果。

7.1.1.1 特质标准

该类标准着重员工的个人特质或特征。此类标准不重视员工是否完成了企业所赋予的工作任务,而重视员工本身所具有的个人特质,最常被用来评价绩效的特征包括员工忠诚度、可靠度、沟通能力、领导技巧等。但是该类标准通常不是有效的工作绩效标准,因为大多数的个人特质与工作绩效并没有直接关联。

7.1.1.2 行为标准

该类标准着重员工如何执行工作。此类标准对强调人际接触的职务尤其重要,当工作缺乏可用来衡量员工绩效的具体标准,也不清楚哪一类员工可以把工作做好时,就必须依靠行为标准。

7.1.1.3 结果标准

该类标准着重员工完成哪些工作或生产哪些产品。此类标准对于不需考虑生产或服务过程的工作较合适。然而此类标准最常被人诟病的是,有些质化的标准难以量化,所以企业很难去评价该员工的工作绩效。但若是针对产出可具体量化的行业,如作业员、打字员等职务,则结果标准不失为一个良好的工作绩效标准。行为导向的绩效标准和结果导向的绩效标准比较如表7-1所示。

表7-1　行为导向的绩效标准和结果导向的绩效标准比较

	行为导向的绩效标准	结果导向的绩效标准
评估依据	工作行为	工作成果
性质	质化	量化
期间	长期	短期
用途	用以作为员工发展及生涯规划的依据	用以作为奖酬决策的依据

	行为导向的绩效标准	结果导向的绩效标准
优点	1.行为是被评估者可以控制的； 2.行为是外显的，所以管理者可以明确地告知员工应该做什么； 3.可以用来说明较复杂的工作； 4.可减少员工所能控制的因素；	1.结果是客观可衡量的； 2.结果可以被直接地告知，不会有认知误差的情形产生； 3.不会受到评估者主观的判断影响；

7.1.2　绩效标准的制定

绩效标准是制订绩效计划的基础，因此在制订和修订绩效计划之前，必须确定各个岗位的绩效标准。绩效标准反映了组织对岗位工作的要求，只有在确定绩效标准的基础上，才能根据员工的具体情况有针对性地制订出详细的绩效目标和计划。

7.1.2.1　制定绩效标准的原则

1.客观公正性原则

在设计绩效标准时要避免主观臆断，始终牢记"针对岗位而非针对个人"标准，即标准的选取要符合客观实际情况，以岗位职责为依据，而不是以现有岗位的人作为设定标准的依据。

2.明确具体性原则

绩效标准要明确具体，任何一个标准的描述都应该使用精确、清晰的语言，各个标准的界定和要求要明朗，不能含糊不清，避免造成误解。

3.可操作性原则

标准设置不宜过高，过高的标准会影响员工的积极性；过低的标准不易区分员工的差异，达不到激励员工的作用。

4.界限清楚原则

每项标准的内涵和外延都应界定清楚，避免产生歧义。

5. 可比性原则

同一层级、同一职务及同一性质岗位的标准在横向上必须保持一致,具有可比性,便于在绩效考核时分出不同等级。

6. 数量少而精原则

绩效考核标准并不是越多越好,标准越多,成本越大,而且会使简单的工作变得复杂。所以,绩效考核标准的数量应当与岗位层级挂钩,层级越低,标准越少。

7. 相对稳定性原则

稳定性是指考核标准一经确定,不得随意更改。缺乏稳定性的绩效标准一般缺乏权威性,容易失去可信赖性。

8. 差异性和独立性原则

差异性是指各项标准在内容上,能明确分清其不同;独立性是指各项标准界限清晰,各标准的含义没有重复现象。

7.1.2.2 制定绩效标准的一般步骤

绩效标准与员工的各个岗位职责密切相关,如果企业没有建立完善的工作说明书,制定绩效标准的过程就必须从最基础的工作分析开始。

(1)收集与工作有关的背景信息如收集组织机构图、工作流程图等,制定岗位工作说明书。组织机构图显示了当前工作与组织中其他工作的关系,以及岗位在整个组织中的位置;工作流程图则提供了与工作有关的更为详细的信息。将组织机构图中各个部门的职责进行分解,根据工作流程图找出部门人员为了实现部门职责应完成的各种工作任务。在这个过程中,人们往往首先根据现有的情况进行汇总和归纳,之后再进行必要的调整。

(2)确定工作规范。工作规范即每个岗位所需要的知识、技能、经验、资格(文凭、资格证书)等,全面反映该岗位对员工的品质、特点以及工作背景或经历等方面的要求,应尽可能写得具体,并划分出相应的等级。

（3）组织根据工作说明书与工作规范确定岗位的工作量、主要工作事项，并根据每位员工的工作内容，确定相应的绩效标准。

（4）主管与员工就所确定的职务标准进行沟通和磋商，并对绩效标准进行修正，最终达成共识。

7.1.2.3　制定绩效标准的注意事项

（1）绩效标准是基于工作本身而非工作的人制定的。企业在制定绩效标准时应根据该职务固有的职责来制定，依据工作本身的要求，而不管是谁在做这项工作。例如，在通常情况下，做相同或类似工作的一群人，他们的绩效标准应只有一套。

（2）绩效标准体现的是工作执行情况的平均绩效水平。标准是一般员工可以达成的，员工有更多的机会超过该标准，从而获得他人与自我的认同。一般不主张制定过高的绩效标准，以免员工在工作中面对不必要的心理压力。

（3）绩效标准应清楚明了，能够让管理者和员工明确其含义。这样，不仅员工能够明确自己的努力方向，而且由于评价双方对绩效标准的理解一致，也能够减少不必要的冲突和矛盾。

（4）绩效标准应尽可能地经过管理者和员工双方的沟通协调并取得认同后再制定出来。因为绩效标准是管理者进行员工绩效评价时所使用的评价标准，在标准不能得到认同的情况下，任何评价活动都可能引发双方的争执与矛盾。

（5）绩效标准是可变的。绩效标准产生变动可能是因为新方法或新设备的引进，或者是因为其工作要项发生了变化。需要指出的是，在正常的情况下，绩效标准不应该仅仅因为员工无法达成或者超过就轻易改变。

（6）绩效标准需以书面的形式表现出来。管理者与员工个人在对绩效标准取得认同之后都应得到一份写好的绩效标准，对于管理者而言，可以随时提醒其跟踪任务的完成情况；对于员工而言，能够经常用绩效标准对照自己的工作，形成良好的自我反馈过程。

7.2 绩效评价指标权重的确定

7.2.1 绩效评价指标权重的确定原则

7.2.1.1 系统优化原则

在绩效评价指标体系中,每个指标对系统都有它的作用重要性。所以,在确定它们的权重时,不能只从单个指标出发,而是要处理好各评价指标之间的关系,合理分配它们的权重。应当遵循系统优化原则,把整体最优化作为出发点和追求的目标。

在这个原则指导下,对绩效评价指标体系中的各项指标进行分析对比,权衡它们各自对整体的作用和效果,然后对它们的相对重要性做出判断。需要注意的是,确定各自的权重,既不能平均分配,又不能片面强调某个指标的最优化,而忽略其他方面的发展。在实际工作中,应该使每个指标发挥其应有的作用。

7.2.1.2 评价者的主观意图与客观情况相结合的原则

评价指标的权重反映了评价者和组织对员工工作的引导意图和价值观念。当他们觉得某项指标很重要,需要突出它的作用时,就必然赋予该指标较大的权数。但现实情况往往与人们的主观意愿不完全一致。确定权重时要考虑这样几个问题:第一,历史的指标和现实的指标;第二,社会公认的和组织的特殊性;第三,同行业、同工种间的平衡。所以,必须将引导意图与现实情况结合起来。例如,评价经营者的经营业绩,应该把经济效益和社会效益同时加以考虑。

7.2.1.3 民主与集中相结合的原则

权重是人们对评价指标重要性的认识,是定性判断的量化,往往受个人主观因素的影响。不同的人对同一件事情都有各自不同的看法,其中有合理的成分,也有受个人价值观、能力和态度影响造成的偏见。这就需要实行群体决策的原则,集中相关人员的意见,互相补

充,形成统一的方案。该过程有以下好处:

(1)考虑问题比较全面,权重分配比较合理,防止个别人认识和处理问题的片面性。

(2)比较客观地协调了评价各方之间意见不统一的矛盾,经过讨论、协商、考察各种具体情况而确定的方案具有很强的说服力,预先消除了许多不必要的纠纷。

(3)这是一种参与管理的方式,在方案讨论的过程中,各方都提出了自己的意见,对评价目的和系统目标都有进一步的了解和体会;在日常工作中,可以更好地按原定的目标开展工作。

7.2.2　绩效评价指标权重的确定方法

指标的设计必须覆盖工作任务和责任的所有重要方面和关键领域。某一重要领域的指标缺失,就会产生严重的误导,在理论上影响评价体系的科学性和合理性。但作为一个评价体系而言,不可能也没有必要做到面面俱到、事无巨细,只需突出一些重点领域和关键性的工作,这就需要在指标体系全面的基础上,对不同的指标进行权重划分。对指标进行权重设定,可以有效地反映工作重点,明确责任的重要程度。

7.2.2.1　权值因子判断表法

其步骤如下:

(1)组成评价的专家组,包括主要指标所在部门的人员、评价专家以及其他相关人员。根据不同的评价对象和目的,专家构成也可以不同。

(2)制定评价指标因子判断表。

(3)专家填写权值因子判断表。

(4)对各位专家所填权值因子判断表进行统计。

7.2.2.2　专家直观判定法

专家直观判定法是最简单的权重确定方法。它是决策者个人根据自己的经验和对各项评价指标重要程度的认识，或者从引导意图出发对各项评价指标的权重进行分配的方法。有时，决策者会召集一些人讨论，听取大家的意见，然后由决策者确定。可见，这种方法基本上是个人经验决策，往往带有片面性。对于比较简单的业绩评价工作，这种办法花费的时间和精力比较少，容易被接受。现行的许多组织人员业绩考评都采用这种方式。在应用时，应该注意要召集利益冲突的各方进行充分讨论，平衡各种不同的意见，避免专断的行为。

7.2.2.3　层次分析法

层次分析法（AHP 法）是对人们主观判断作形式的表达、处理与客观描述，通过判断矩阵计算出相对权重后，进行判断矩阵的一致性检验，克服两两相比的不足。AHP 法确定权重的步骤如下：

（1）建立树状层次结构模型。在绩效评价中，该模型就是绩效评价指标体系。

（2）确立思维判断定量化的标度。在两个因素互相比较时，需要有定量的标度，假设使用前面的标度方法。

（3）构造判断矩阵。运用两两比较方法，对各相关元素进行两两比较评分，根据中间层的若干指标，则可得到若干两两比较判断矩阵。

（4）计算权重。第一，将判断矩阵每列正规化；第二，将正规化后的判断矩阵按行相加；第三，计算权重；第四，计算矩阵的最大特征根。

7.2.2.4　排序法

其步骤如下：

（1）组成评价的专家组。专家组一般包括人事部门的人员、评价专家以及其他相关人员。根据不同的评价对象和目的，专家构成可以不同。

（2）制定绩效评价指标排序表。

（3）统计排序结果。由专家根据自己的主观判断将评价对象中的一级指标或二级指标对与其相对应的一级指标的影响程度进行由小至大地排序，填入表中，回收并进行统计。然后再将统计结果反馈给专家。如此反复进行三次，最后予以确定。

（4）数理统计分析。将回收结果进行数理统计，计算各项绩效评价指标的权值。

参考文献

[1] 晁坤,蒋苓.基于拓展平衡计分卡的国有煤炭企业绩效评价指标体系[J].中国煤炭,2013,39(11):22-25+30.

[2] 丛中笑.能源企业社会责任与经营绩效研究[D].呼和浩特:内蒙古大学,2014.

[3] 崔兴文,张成君,王建民.我国煤炭物流绿色化绩效评价研究[J].中国煤炭,2013,39(12):8-11+77.

[4] 崔瑜.基于环境效应的新能源企业财务绩效评价研究[D].西安:西安石油大学,2018.

[5] 邓晓兰,鄢哲明,杨志明.中国煤炭城市的发展绩效评价和转型影响因素分析[J].资源科学,2013,35(9):1782-1789.

[6] 葛玉辉,荣鹏飞.绩效管理[M].北京:清华大学出版社,2014.

[7] 郭京生,袁家海,刘博.绩效管理制度设计与运作[M].北京:中国劳动社会保障出版社,2007.

[8] 衡晓慧.政府补贴政策、环境绩效与财务绩效的关系研究——基于新能源上市公司数据[D].大庆:黑龙江八一农垦大学,2017.

[9] 霍凯琳.石油石化行业上市公司绩效评价实证研究[J].科学决策,2013(10):45-62.

[10] 贾丽娜.能源企业集团财务公司业绩与效率评价研究[D].北京:中国石油大学(北京),2016.

[11] 姜秀娟,侯贵生.大型煤炭企业转型绩效评价研究[J].中国煤炭,2014,40(9):16-21.

［12］李慧灵.能源企业社会责任与财务绩效的相关性研究［D］.
长春:吉林大学,2014.

［13］李凯风,宋鹏鹏,王敏敏.中国新能源行业上市公司经营绩
效研究［J］.会计之友,2014(15):52-56.

［14］李志学,崔瑜.基于 EVA 视角的我国新能源上市公司绩效评
价分析［J］.吉首大学学报(社会科学版),2017,38(2):1-5.

［15］梁佳聚.国有石油企业绩效评价问题与思考［J］.人力资源
管理,2010(10):44-46.

［16］刘广廷.陕西能源企业环境行为的影响因素研究［D］.西安:
西北大学,2012.

［17］刘琴.井下作业公司员工绩效考核系统设计与实现［J］.电脑
知识与技术,2014,10(31):7323-7324+7353.

［18］刘绍枫,胡中艾.基于平衡计分卡的煤炭企业环境绩效审计
指标设计［J］.会计之友,2013(9):77-79.

［19］刘晓妮.供给侧改革背景下山西能源企业创新绩效提升路径
研究——基于集成创新视角［D］.太原:山西财经大学,2018.

［20］马桂.能源企业科技人才技术创新激励研究［D］.西安:西北
大学,2011.

［21］谭章禄,张长鲁,刘浩,等.基于 BSC 和 AHP 的煤炭企业信
息化绩效评价［J］.煤炭工程,2013,45(12):136-138+141.

［22］田晟瑜.能源企业社会责任对财务绩效影响研究［D］.哈尔
滨:哈尔滨商业大学,2017.

［23］郝淑红.新丝路经济带下能源企业海外投资风险管理研究
［D］.呼和浩特:内蒙古财经大学,2016.

［24］王梦鸽.基于产融结合的我国能源企业财务绩效研究［D］.
西安:西安石油大学,2017.

［25］王宇.全球化背景下我国能源企业国际经营的政治风险与对
策研究［D］.天津:天津师范大学,2014.

［26］吴明涛,王甲山,段庆茹,等.低碳经济下石油企业绩效评价［J］.
辽宁工程技术大学学报(社会科学版),2013,15(6):574-576.

［27］徐志花. 能源企业管理人员胜任素质研究［D］. 重庆：重庆大学，2010.

［28］薛菁. 中国大型能源企业生产效率研究［D］. 呼和浩特：内蒙古工业大学，2017.

［29］薛静敏. 我国新能源企业营销绩效评价研究［D］. 郑州：中原工学院，2014.

［30］张京，赵龙兴，易国志. 低碳视角下的能源企业财务绩效评价［J］. 财会月刊，2013（4）：82-84.

［31］张入语. 我国能源企业社会责任评价指标体系构建研究［D］. 苏州：苏州大学，2017.

［32］张昕，马紫微. 煤炭企业技术创新绩效评价［J］. 商业研究，2012（8）：85-89.

［33］张新润，温晓慧. 国有煤炭企业中层管理人员绩效评价机制研究［J］. 煤炭技术，2010，29（12）：230-231.

［34］张玉兰，徐苗苗，宣杰. 河北省能源上市公司并购绩效评价及优化［J］. 企业经济，2012（9）：169-172.

［35］周梅华，胡晓强. 平衡计分卡在煤炭企业绩效评价中的应用研究［J］. 煤炭技术，2010，29（8）：243-244.

［36］周晓慧. 基于平衡计分卡的石油企业环境绩效评价指标体系构建［J］. 吉林工商学院学报，2016，32（2）：44-48.

［37］周扬. 基于 EVA 的国有企业绩效评研究［D］. 北京：财政部财政科学研究所，2013.

［38］朱文丽. 能源企业非常规油气资源经济评价研究［D］. 北京：中国地质大学（北京），2015.

［39］朱晓慧. 基于平衡计分卡的绩效管理在冀中能源的应用研究［D］. 邯郸：河北工程大学，2017.